出雲怪談

神原リカ、古川創一郎
本間亀二郎、西浦和也

竹書房
怪談
文庫

まえがき

古川創一郎

ご存知の通り島根・鳥取を合わせて「山陰」と呼びます。この「山陰」という言葉は、もともと古代中国の陰陽思想から生まれた呼び方で「山の北」という意味。

本来は決して悪い意味ではないのですが、その名のイメージになぞらえたかのように、出雲神話で有名な出雲市、小泉八雲（ラフカディオ・ハーン）が滞在したことで「怪談のふるさと」と呼ばれる松江市、水木しげるを育んだ「妖怪の町」境港《さかいみなと》市などが中央部に並んでいます。

その他にも伝承・伝説の残る場所は非常に多く、山陰で生まれ育った者にとって神様も妖怪も幽霊も「人ならざるモノ」というのは身近な、いわば「目に見えない隣人」といったような存在であります。

小さな神社の神主さんに「こちらのご祭神はどなたですか?」と訊けば、当たり前のように「私の○代前のご先祖様で××のミコトです」と返ってきますし、ヤンチャそうな若いバンドマンが普通に「俺、あそこの神社とは相性悪いみたいなんだよね」と真顔で語っていたりします。

松江市のランドマーク、松江城には工事の無事を願って、一際美しく盆踊りを踊っていた若い娘が人柱として埋められたという言い伝えがあります。そのため松江城の周辺で盆踊りが行われる度に天守閣にその女の幽霊が出る、祟りがある、と噂になり江戸時代以降、今なお松江市民は盆踊りを催しません。

お盆の時期には子供がテレビから流れてくる音楽に合わせて踊っているだけで「お城も踊りだすからやめなさい」とたしなめるお家もあるほどの徹底ぶり。

我々山陰人にとって、彼岸と此岸は地続きなのです。

今回集められたお話の多くも「いいか？　怖い話を話すぞ。話すぞ。準備はいいか？」と構えて語られたものではなく、日常会話の延長線上に「そう言えば随分前に不思議なことがあったんだよね」とごく自然に語られたものです。

この本を通して少しでも山陰の空気や雰囲気を感じていただけたら――。

私たちにとって、それが何より嬉しいことです。

それではどうぞ――。

島根

SHIMANE

鳥取

TOTTORI

隠岐の島町
出雲大社
一畑電車大社線
宍道湖
松江駅
美保関
境港市
山陰本線
鳥取砂丘
鳥取県
大山
鳥取駅
出雲市駅
安来市
雲南市
奥出雲町
米子市
中海
岡山県
広島県

雲伯地方 地図

島根県
宍道湖・中海という日本でも有数の大きな湖を抱える県。東西に長く、住む人の気質も東西で随分異なり、石見人は陽気で豪快、出雲人は謙虚で大人しいと言われている。出雲大社をはじめ、有名な神社が多数存在しており、古代より霊的重要地として栄えた。

鳥取県
星取県・カニ取県・まんが王国等いくつもの顔を持つ鳥取県。ダジャレ好きの知事による「スタバはないけど砂場はある」の名言でも注目を集める一方で因幡の白兎伝説も残る。神話からサブカル、古から現代までの文化を幅広く包含する。

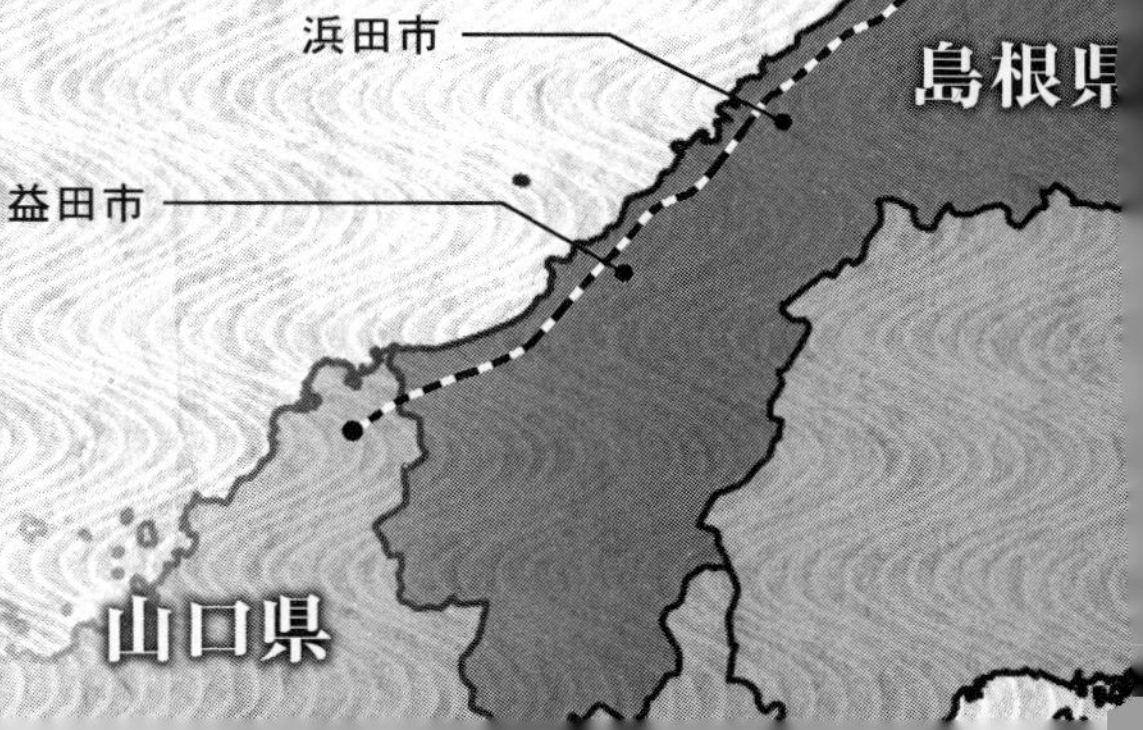

島根

SHIMANE

土葬の地

日本海側有数の漁港として名高い浜田《はまだ》市の市街地を南へ下ってゆくとちょっと変わった光景が目に入るようになる。

民家の庭先に墓石があるのだ。

島根県の西側の山中にはこのように「墓地」を定めず、自宅の庭に墓をこしらえる風習のあるところが多い。

人の移動があまりなかったためか、山ひとつ、谷ひとつ越えただけで、信仰・葬儀のしきたりや意味がまったく違っていることもあって、非常に興味深い地域である。

二十年ほど前に浜田市の山中、広島県との境近くに位置する集落に行った際に面白い話を聞いた。

フサエさんは当時九十歳ほど。

彼女が子供の頃にはこのあたりは土葬が一般的だった。交通の便が悪かったこともあり、火葬が主流になってからも、積雪や大雨など天候の関係上どうしてもすぐには市街地の火葬場にご遺体を運べないという時など、昭和の四十年代まで土葬することがあったそうだ。

フサエさんがまだ十歳になるかならないかの冬、近所で同世代の少年が亡くなった。葬儀も滞りなく終わり、少年は彼の家の庭に土葬された。その少年は以前から体が弱かったためよく遊んでいたわけではないが、それでもやはり見知った顔が見られなくなるのは悲しい。鬱々《うつうつ》とした気持ちを抱えて数日を過ごした。

ある夜、居間で家族と団欒《だんらん》していた時、障子《しょうじ》の向こうにある窓を叩く者があった。

(こんな夜更けに、しかも玄関ではなく居間の方に回って来るのは誰だろう?)

いぶかしんでいると、その窓を叩く者が外からしゃべりだした。

「ただいま戻ってまいりました」

その声に聞き覚えがあった。死んだはずの少年の声だ。

フサエさんは立ち上がりかけていたのだが、そのまま腰を抜かしそうになった。

その瞬間、母親が後ろからフサエさんの手を引っ張り、抱き留めて叫んだ。

「連れて行かれるけえ、見るじゃない！」

家族はそろって息を殺していた。その間も外からは、

「ただいま……ただいま……」

と、繰り返し少年の声が聞こえてくる。

だが、しばらくすると諦めたのか声は聞かれなくなった。


翌朝、少年の家がちょっとした騒ぎになった。

彼の墓石が、まるで土から掘り起こされたばかりのように泥だらけになっていたというのだ。

あの夜「訪問」を受けたのはなぜかフサエさんの家だけだったらしいが、彼女の家族は、

「あれはきっと、『悪いモノ』が入ったんよ」

と、ことあるごとに言い、彼女の家はそれから必ず、死者は火葬で葬るようになったのだという。

野辺送り

野辺《のべ》送りとは普通、埋葬地だったり、火葬場まで列をなして遺体を運ぶ儀式のことを言う。しかし、益田《ますだ》市の山中、広島県との県境に近い集落で聞いた、随分昔におこなわれていたという野辺送りの作法は、少し変わったものだった。

この集落で死者が出た場合、まず遺体をうつぶせにして馬の背を横断（縦断ではなく）させる形に乗せる。そのまま馬に集落をぐるっと一周させるのだが、これを野辺送りと呼ぶのだという。その間、住民たちは馬の上の遺体に向かって大声で名を呼んだり話しかけたりする慣わしなのだ。

そうして家に遺体が戻って来た後は通夜、葬儀、再び今度は普通の野辺送り、そして埋葬と、通常の流れに戻る。

つまり、ここでは野辺送りは二度行われていたのだ。

最初に行われる野辺送りは仮死状態からの回復を期待してのものだろう。声をかけることは今でも病院などで行われているし、馬の背にうつぶせに乗せて歩かせる、というのは心臓マッサージの効果があったのかもしれない。

我々が思う野辺送りのイメージと異なるため「それも野辺送りと呼ぶのですか。別の呼び方などはないのですか」と訊ねたが、やはり野辺送りであるらしい。

もちろん、ほとんどの場合その状態から回復することはないそうだが、この集落に住む吉城稔さんは一度だけ、野辺送りの最中に復活を遂げた人を見たことがあるのだという。

吉城さんが子供の頃だというから、恐らく戦後間もない頃。

近所のおじいさんが亡くなられて野辺送りがなされた。

おじいさんの遺体を乗せた馬が吉城さんの家の前に差し掛かり、家人が一斉におじいさんの名を呼んだ。

瞬間、おじいさんの腕が動いたように見えた。吉城さんは最初、馬の歩みの振動のせいだと思ったのだが、確かにその時おじいさんの体は自ら動き始め、終いには馬の背から落ちてしまったのだという。馬の足元から「ああ、ああ」とおじいさんのうめき声が聞こえてくる。

まさかの復活だった。

死の淵からの生還ということで、普通なら大変なお祝い事となるはずだが、そうはならなかった。それ以降、おじいさんは「魂が抜けたかのように」呆けてしまったからだ。話しかければ「ああ」「うん」と短く反応はするものの、ほとんど自分からはしゃべらず、話しかけなければ虚空を見つめたまま、ぼーっとして過ごすようになった。

それでも家族は「最後にゆっくりお別れが言える時間をいただいた」と嬉しかったかもしれない。


息を吹き返してから、数日が過ぎた。

家族がおじいさんの体を拭いてあげている際に、ふいにおじいさんが口を開いた。

「北の畑の向こうのSちゃん。あの子なあ、もうすぐ死ぬけえね、葬式の準備しとかんといけんよ」

家族はおじいさんが突然しゃべったこととその内容に驚愕した。回復してきたのかしら、それにしてもなんて縁起の悪いことを。家族はさぞ反応に困ったことだろう。

しかし、本当に困ってしまうのはその後だった。それから二日ほどして本当にSちゃんが亡くなったのだ。水の事故だったという。

それからまた数日、今度は長らく病に伏せっていた近所のおばあさんの死をピタリと言い当てた。

「Nさん、もうすぐ楽になるけえ、心配せんでいい」

さすがに家族も気味悪く思えてきた頃、おじいさんはふっと姿を消したのだそうだ。

朝起きてみると、布団がしまわれており、おじいさんはどこにもいなくなってしまっていた。

まるで、最初から存在していなかったかのように。

帰ってきたのは本当におじいさん本人だったのだろうか。

キャンプ場の鈴の音

島根の西にある、とあるキャンプ場。

ほとんど利用する人とてないような寂れた施設だったのだが、折からのキャンプブームとコロナ禍のせいもあって最近は多くの人が訪れているのだそうだ。

このキャンプ場のそばに実家のある原さんがそこでキャンプをしたのはブームのはるか前、まだ大学生だった頃の春だ。久々に会う地元の友人と女ばかり四人。あそこならまあ間違いなく貸切でキャンプを楽しめるだろう、どんなに騒いでも苦情など来るまい、という目論見があってのことだ。もし何かあれば車で十分も走れば自宅に帰れる距離だ。

バーベキューに飯ごう炊爨《すいさん》、それに季節外れの花火。

人目を気にせずはしゃいで、そろそろテントに入って寝ましょうか、という段。

花火の始末にバケツに水を汲みに行った一人が「ねえねえ、あれ、なんだろうね」と皆を呼び集めた。

　見ると、キャンプ場の下方向を走る細い道に、ヘッドライトを点けたままの乗用車が停車している。周囲は真っ暗で車内を窺うことはできない。ほんのかすかにエンジン音が夜気を伝ってくる。

「道の真ん中に停めて迷惑じゃないのかな」

「ああ、この先、家が一軒しかない行き止まりだから。住んでたおじいさんとおばあさんも随分前に施設に入って亡くなられたらしいし、今じゃそのお家も廃墟みたいになってるらしいから」

「じゃあなんであんなとこに停まってるのかな」

「どうせカップルでしょ」

「……覗きに行く？」

「バカ」

　姦《かしま》しく言い合っていると一人が唐突にシッと皆を制した。

「なに？」

「ちょっと……今近くで何か聞こえなかった？」

黙りこんで耳を凝らす。周囲は頼りない外灯の他には、中に設置した明かりでテントが行灯《あんどん》のように浮かんで見えるくらい。いつの間にかこんなに暗くなっていた。

するとと数メートル先の暗がりの中でチリンと何かが音を立てた。鈴の音のように聞こえる。

「……誰かおられるんですか？」

原さんは最初、もしかすると首に鈴を付けた猫でも近くにいるのか、そうでなければ、調子に乗って大騒ぎしたのが思いのほか遠くまで届き、誰かが苦情を言いにきたのだと思ったのだという。

しかし、問いかけに応えはなく、代わりに再び鈴がチリリンと鳴った。

「あの。誰かいらっしゃいますよね」

「ごめんなさい。うるさかったですか？」

やはり無言。代わりに鈴。しかし今度は別の方角から。原さんたちがうろたえているうちに鈴の音はひとつ増えふたつ増え、いつの間にか取り囲まれるようにあらゆる方角から聞こえてくるようになった。

猫？　そんなようなものではない。これは、何か、別のモノだ。

原さんたち四人は慌ててテントに逃げ込んだ。逃げ込んだはいいが、鈴の音はいまだ外から響いてくる。

もはやその音は、テントの周囲をグルグル回っているように思えた。

「もう突っ切って走ってって車で逃げる？」

「やだ！　怖い！」

「じゃあどうするのよ！」

どのくらい小声で言い合っていただろう。鈴の音は少しずつ少しずつ、遠ざかっていくように小さくなってゆき、終いには聞こえなくなった。原さんには近くにあるダムの方向に向かって去ったように感じられたという。

ホラー映画などではここで「良かった、助かった」と外へ出ると怪物が待ち構えている場面だ。原さんは外へ出ることを断固拒否し、全員でテントで明るくなるのを待つこととなった。


「すいません。ちょっとちょっと」

いつの間にか寝ていたらしい。外から男性に声をかけられ四人はノロノロとテントから這い出した。光の具合からしてもう昼前だろうか。彼女たちを起こした男性は警察官だった。

「ここ、泊まられたんですよね？　夕べ、あの車が何時頃から停まっていたかわかります？」

警官はキャンプ場から下方向に見える道を指差した。そこには例の車が昨夜と変わらぬ位置に停車している。すぐ後ろにはパトカーが停車しているのも見えた。別の警官が数人、車の周囲でトランシーバーで何かを話したり車中を覗き込んだりしている。

「あの……何かあったんですか？」

原さんたちを起こした警官に訊ねたが言葉を濁して詳しくは教えてくれない。しかし狭い田舎のこと。後日、そこでなにがあったのかは容易《たやす》く知れた。

車の主は、すでに家主が亡くなり廃墟となった行き止まりの家の息子だった。彼はかつての実家に向かうあの道に車を停め、車内で練炭自殺をしていたのだという。

原さんたちがキャンプではしゃいでいた、まさにその時間である。都会で事業で失敗したのだというのは噂だが、当たらずとも遠からずだろう。

原さんはあのキャンプ場での出来事を「死者が旅立つのに遭遇した」と理解している。

くよし

お酒もタバコも好きだった私（神原リカ）の祖母、国枝さんは、昔から不思議なものが見える人だった。

まだ国枝さんが若い頃のこと。ある日、畑へ行った国枝さんがいつまでたっても帰ってこないのを、心配した夫の英雄さんが畑へ迎えに行ったところ、国枝さんは誰かに向かって一生懸命手を振っていたという。

「おいっ！　なにしちょーかい⁉」

英雄さんが声をかけると、

「向こうの山で、こっちに手を振っちょんなる人がおんなーだがん」

そう言うと、国枝さんはまた山に向かって手を振りはじめた。

（いったい誰が手をふっちょーかいなぁ）と思って、山の方を見た英雄さんはちょっと嫌な気分になった。

ここの畑から、何キロも離れている山の中で手を振っている人の姿が見えるはずがないのだ。

でも隣にいる国枝さんは、遠くの山に向かってしきりに手を振っている……。

英雄さんは、「なんで？ なんで？」と言う国枝さんの手を引っ張って、無理やり家へ連れて帰ったという。


国枝さんは、英雄さんと結婚するまでは島根県の大社町《たいしゃまち》に住んでいた。

大社町といえば、縁結びで有名な「出雲大社」のある町で、出雲大社の表参道「神門通り」は昔から大変な賑わいだったという。

平成二年に廃線となってしまったＪＲ大社線の旧大社駅は、純日本風の木造平屋建てで、昔の面影を残し、また今でもその頃の喧騒を感じることができる場所でもある。

一方、その北側に位置する、映画『RAILWAYS』で脚光を浴びたバタ電こと「一畑《いちばた》電車」の出雲大社前駅は今でも現役で、ステンドグラスの丸屋根が特徴のモダンな洋風建築が、毎日多くの観光客を出迎えている。

今でこそ、町も大きくなり人もたくさん住んでいるが、大正生まれの国枝さんが子供だった頃は、出雲大社周辺以外はところどころに集落が点在する、田んぼや畑の広がる広い平野だった。

国枝さんは幼い私に、狐憑きの人が近所に出て、家の屋根の上を本当の狐のように跳んで回った話や、大きな火の玉が近くの家の上をふわりふわりと飛んでいた話、そんな奇妙奇天烈摩訶不思議な話をたくさん聞かせてくれた。

そんな国枝さんが酔うと必ず話してくれた話がある。


国枝さんが十歳くらいの子供だった頃、母親に近くの親戚までお使いを頼まれた。

隣の集落にある親戚の家までは、子供の足で三十分程度。

国枝さんはお昼を食べると、早速お使いに出かけた。

秋晴れの気持ちのいい天気だったという。

丁度稲刈りも終わった時期で、遠くの田んぼまで見通すことができた。

国枝さんが田んぼの間の田舎道を隣の集落へ向かって歩いていると、少し離れた田んぼの中で「ボッ」と火が上がるのが見えた。

国枝さんは、

「あー、くよしをしちょんなーだわ」

そう思った。

「くよし」というのは焚き火のことだ。

今は環境のこともあり許可のない場所では焚き火などはできなくなったが、昔の田舎はどこの畑や田んぼ、家の庭などでも「くよし」をして、ゴミや落ち葉などを燃やしていたのだ。

「今日は天気がいいけんなぁ」

国枝さんがそんなことを思いながら歩いていると、反対側の田んぼでも「ボッ」と火が点いた。

「あら、向こうでもしちょんなーわ」

そう思っていると、あちらの田んぼでもこちらの田んぼでも「ボッ」「ボッ」と火が点きだした。

気がつくと、国枝さんの周りの所々でくよしの火が上がっている。

「今日は天気がいいだけんねぇ」

あちこちで上がるくよしの火を見ながら、国枝さんは三十分ほど歩いて親戚の家に着いた。

「こんにちわー」

国枝さんが玄関で声をかけた。すると、奥の部屋から母親が鬼のような形相で走って出てきたかと思うと、

「あんた！　こげな時間までどこでなにしっちょたかね‼」

と国枝さんを怒鳴りつけた。

国枝さんは目を点にさせて驚いた。

ついさっき、自分が家を出る時に台所で洗い物をしていた母親が、なんで自分より先に親戚の家にいるのだ？

親戚の家までは田んぼの真ん中の一本道——追いつかれた覚えもなければ抜かれた覚えもない。

「なんでおかーちゃんがおる？」

怪訝そうな顔で聞く国枝さんに、

「なんでじゃないわね‼　あんたがいつまでたっても帰ってこんけん、迎えにきただわね。そしたらあんたがまだ来ちょらんっておばさんは言いなるし。こげな時間までどこでなにしちょったかね」

母親は顔を真っ赤にして、泣き叫ばんばかりに怒鳴り散らす。

「こげな時間って、まんだ昼過ぎだがね」

「何が昼過ぎかね！　もう暗んなっちょーでしょー」

はぁ？　と思って振り返った国枝さんは言葉を失った。

ついさっきまで、天気のいい秋晴れの空の下を歩いてきたはずなのに、玄関の外は真っ暗、日が落ちて冷たい風が吹き、虫の声が聞こえていた。

国枝さんは何が何やら訳もわからずに、そのまましばらく外を見たまま立ちすくんだ。

そのうち親戚のおばさんが出てきて、

「そげに怒鳴《どな》らんでも、こげして来ただけんいいがね」

と赤鬼のようになっている母親をたしなめると、

「あんたも歩いてくたびれたでしょう。あがってたばこすー《休憩》だわね」

と部屋へとうながすと、お茶を出してくれた。

座ってお茶を飲んで落ち着いたところで、おばさんが、

「そーで、あんたはどこで道草しちょったかね」

と国枝さんに訊いた。

国枝さんは、道草なんかせずにまっすぐここへ向かってきたこと、そしてさっきまで昼間の明るさだったこと、そしてここまで来る道中であちこちでくよしをしていたことを一生懸命話した。

はじめは子供の嘘だと思っていた母親も、国枝さんがあまりにも真剣に同じことを繰り返すので少しあきれかけていた。

その時、こたつに入って国枝さんの話を黙って聞いていた親戚のおばあさんが、

「あんた、そーは《それは》狐に化かされただがね」

そう言ったのだという。

国枝さんがいつも話してくれたこの話が、私の怪談好きの原点でもある。

呼び込んでしまった

吉田智子さんの店は出雲市内のとある観光地のそばにある。と言ってもそれは距離だけの話。細い道が入り組む住宅街の中で営業する、地元の人相手の小さな食料品店だ。彼女で三代目なのだという。

それでも近年の町歩きブームのおかげで、少しばかり足を延ばしてブラブラする観光客が店に立ち寄る機会も増えた。そのため醤油や味噌といったお土産にもなるような地元の調味料も取り扱っている。

その日もつつがなく営業を終えると、数日後に迫る連休に向け、シャッターを閉じた店内で一人、準備を整えていた。

ガシャンガシャンガシャン！

ふいにシャッターを外側から激しく叩かれ、吉田さんは飛び上がりそうになった。

例えば「ごめんけど味噌が切らしちゃって」「調理酒がなくなってたのを忘れてて」と近所の住民が閉店後の時間に訪ねて来ることは、ある。田舎の商店というのはそういうものだ。

しかし、この叩き方は顔見知りの近在住民（ほとんどが高齢者だ）にしては少々乱暴にすぎる。酔っ払った観光客が面白半分に叩いているのか、それともご近所のおばあちゃんが病気か事故で倒れたりでもしたのかと、外からシャッターを叩き続ける激しい音は何かの不吉な予感を感じさせる。

人間というのは面白いもので、虚を突かれた際、思わず言い慣れた言葉が口から飛び出ることがある。

こういう場合、ふさわしい一言目とは「どちらさまですか？」だったり「乱暴に叩くのはやめてください」だったりするのだろう。

しかし吉田さんの場合、彼女の口から出たのは、

「いらっしゃいませ！」

だった。言ってから、しまった、と思ったそうだ。場違いだし、間抜けだ。

しかし期せずして効果があったようで、ピタリとシャッターを叩く音が止んだ。

「あのう。どちらさまでしょうか」

改めてシャッター越しに、今度こそふさわしい声掛けができた。誰が何の目的でシャッターを叩いているのかが知れれば、それに対処すればいい。警察に通報するというのも選択肢のひとつだ。

しかし、返答は沈黙だった。

これで驚きの何割かが怒りに変換された。吉田さんは数歩シャッターに歩み寄ると、

「あの！　すいません！　どちらさまですか？　なんのご用件ですか？」

と、多少ささくれた感情を含ませた口調で投げかけた。

すると店内にいる吉田さんの背後からパサッと音がした。レジ袋でも落ちたのかと、彼女はゆっくりと振り返った。

店の奥、吉田さんの視線の先に、後ろ向きに立つ女がいた。

ボサボサの長い髪には数枚の落ち葉が絡んでいる。薄いピンクのブラウスを着ているが、ところどころが泥で汚れている。地味な紺色のスカートから伸びる足を包むストッキングは伝線だらけだ。

明らかに尋常でないモノが、いつの間にか店内に入り込んでいた。

吉田さんは直感で、『自分が呼んだのだ』、と思った。

「いらっしゃいませ」

と、呼び込んでしまったのだと。

服装などの確認はしたものの、なぜだかその女の顔だけは絶対に見てはならない、とも思ったのだという。ならば早く出て行ってもらわなければならない。

相手は客やご近所さんではない。普段、接客中にやっているような、丁寧な言い方をしなくても構わない。吉田さんの口からは、これまで言ったことのないような、乱暴な口調で言葉が飛び出した。

「あの！　もう閉店なんです！　帰ってください！」

言い終わってから、自分の歯がガチガチと音を立てているのに気がついた。

一瞬。店内が暗くなった気がした。停電したかのように。

気がつくと女は消えていた。結局その後、女の正体が知れることはなかった。

しかし吉田さんは「こちらの言うことを聞いてくれた」ことで「悪い『人』ではない」と思っているのだという。

水神様

山陰の人間にとって、神様というのは決して遠い存在ではない。

生活の中で、成長する過程で、度々その存在を感じる、身近なものだ。

私（古川創一郎）が幼い頃、母親が唐突に「これから『オジガンさん』のところに行くから、あなたもついてきなさい」と言い出したことがあった。

私は「オジガンさん」というのがなんのことなのかさっぱりわからず、「生贄《いけにえ》を好む残虐な邪教の神、オジガン神」みたいな、訳のわからない恐ろしいものを、想像の中で勝手に作り上げ、

「オジガンさんの所にだけは絶対に行きたくない！」

と、泣き喚《わめ》いて抵抗したのをよく覚えている。

その正体は、方言で原型を留めないほど崩された「氏神さん」だったわけだが。

最近新しく母親になったミキさんから、興味深い神様の話を聞いた。

音楽関係の仕事をしている都会的でお洒落な彼女だが、生まれは雲南《うんなん》市と奥出雲町の境に近い、中国山地の山の中。存在感のある山々の狭間に、集落が頼りなげに身を寄せるように点在する田舎で育ったらしい。

彼女の家の前の細い道は山の方に向かって延びており、その先に他の家はない。山の直前で未舗装になる、ミキさんの家族以外の人にとっては山菜採り専用のような生活道路なのだそうだ。

山に入る手前に小さな溜め池がある。江戸時代以前からこの集落の農業用水として利用されていたという言わば集落の命の水である。水が枯れてしまわないように、池のほとりには水神様を祀《まつ》るこじんまりした祠《ほこら》が置かれていた。

今となってはわずかに残る農家もすでに上水道を利用しており、この池の水を使う者などいない。祠もかろうじて屋根こそ崩れていないが、放置され荒れ果てていた。

集落の中でミキさんの家が一番池に近いからということで、かつては祠の掃除やメンテナンス、果ては祭りの際の神主や巫女の真似事にいたるまで、水神様のお世話を任されてきていた。ミキさんの家の大切な仕事だったわけだが、もちろんそれらもミキさんが物心つく頃には昔話の一部のようになっており、実際は忘れられて久しかった。

彼女が小学生の頃、学校で「地域の大人のお手伝いをしよう」という宿題が出た。

そこで彼女は忙しい大人たちに代わって「祠の周辺の草取り」をやることにした。普段から放って置かれている水神様を可哀想に思っていたのだという。

ひとつ年上の優しい姉が手伝ってくれたおかげで思った以上に作業は進み、一時間ちょっとで祠の周辺は見違えるようになった。

翌朝のこと、ミキさんは顔の左半分に焼けるような痛みを覚え飛び起きた。

洗面台の鏡に映った彼女の顔の左側が火傷《やけど》したように赤く腫れ上がっていた。よくよく見ると左足も同じようになっている。

あわてて家族を起こすと、姉の顔の左半分と左手も腫れ上がっていた。

「あんたたち何したのよ！」

母親が問い質し、昨日の祠の一件に話が及ぶと、黙って聞いていた祖母が口を開いた。

「水神様が障《さわ》ったんだな」

祖母が言うには、池の水神様は「普段と違うこと」をされると怒るのだという。いつも放っておかれているなら、放っておく。お世話をするなら、お世話をし続ける。

その後、祖母に連れられて祠まで行き、「お騒がせしてごめんなさい」と謝ると、三日後、姉妹の腫れは同時に引いたのだという。

それ以来、ミキさんは祠に近づくのをやめた。

しかし、ミキさんが高校生の頃、水神様はもう一度障った。

大雪の降った朝、覚えのある痛みで彼女は飛び起きた。やはり顔の左側。そして左足。姉の方もやはり、かつてと同じく左顔と左手が腫れ上がっていた。

水神様だ！

二人は家を飛び出し池の方を窺うと、まさに除雪業者が集めてきた雪の塊を池に捨てているところだった。

親に頼んで「集落で大切にしてきた池なので」とクレームを入れてもらってやめさせたところ、またもや三日ほどで元通りに戻ったのだという。

現在、姉妹そろって結婚し家を出てしまっている。度々帰省はしているが、池の方を極力気にしないように努めているそうだ。

草が生い茂り、すっかり隠れてしまっている祠はまだそこにあるのだろうか。

存在しないコンビニ

意外に思われるかもしれないが、山陰はわりと音楽活動が盛んである。

他の土地から単身赴任でやって来たサラリーマンが「町は小さいのに楽器屋やライブハウスはたくさんあるんだね」と驚いているのを何度か聞いたことがある。

私（古川）自身、初対面の人から挨拶ついでに「楽器は何をされるんですか？」と聞かれたこともある。何かの楽器を嗜《たしな》んでいることが前提なのかよと、あっけにとられた。

ミュージシャンというのは、常に感性を磨いているからなのか、不思議な経験をしたことのある人が多い。

音楽関係者が多く集まった飲み会で怪談話が始まった時など、「次は俺の話を聞いてくれ」という順番待ちの列ができたほどだ。

この話もそんなミュージシャンから聞かせていただいた。

松田さんは山陰を拠点に活動するブルースミュージシャン。年の頃は六十を越えており、活動歴の長さと比例して非常に顔の広い方である。

その日は神戸方面の音楽イベントに招かれた帰り道だった。共に招かれた若いミュージシャンの加藤くんと二人連れで運転を交代しながら、島根に向かって車を走らせていた。夕闇が迫る時刻。山中の道は同時刻の街中に比していっそう暗くなっていた。

県境を越えた辺りでコンビニの明かりが見えた。よく見かけるチェーンのコンビニだ。

「休憩がてら飲み物でも買おうか」と、二人は特に考えずにそこに寄ることにした。

しかし、駐車場に入ると何か違和感を覚えた。店内が妙に暗い。もしかして営業していないんじゃないかと疑ったほど、薄暗い。とりあえず車を駐車場に停め、松田さんが先に入店した。

カビ臭い空気が松田さんを出迎えた。商品棚に商品は並んでいるが、スカスカに空いている。商品のない空虚な部分にはうっすらと埃《ほこり》さえ積もっている。

そして、無人。

これはやはり営業していないのか?

しかし薄暗いとはいえ、明かりはついている。

松田さんが戸惑っていると、遅れて加藤くんも入店してきた。彼もやはりカビの臭いに顔をしかめる。

「なあ、やっぱりこれは営業してなさそうだぜ」

松田さんが加藤くんを振り返って声をかける。営業していたとしてもこのひどいカビの臭い、あまり長居はしたくないと、言いかけた松田さんの視界の端で何かが動いた気がした。

そちらに目をやると、レジに女性が立っていた。

（さっきまで誰もいないと思っていたのに）

コンビニの制服を着た女は「いらっしゃいませ」と声をかけるでもなくカウンターの上の伝票らしき書類に目を落として微動だにしない。

化粧気のない、若い女性だ。

加藤くんが意を決して「こんにちは」と声をかけた。

しかし、無言。

無視しているというより、二人をまったく認識していないといった気配だ。

いつもはよくしゃべる加藤くんがそっと松田さんの腕を引っ張ると、視線で「出よう」と促した。

「なんなんだよあれ。なんなんだよあれ。あの人、全然こっち見なかったよね？　僕、確かに『こんにちは』って声かけたよね？」

加藤くんは車を出しながら半泣きになっていた。

しばらく走りながら自分たちを納得させるために、あの店員は具合が悪かったんじゃないか、オーナーにパワハラを受けて気分が沈んでいたのではないか、などと、ありとあらゆる可能性について論じていたら、別のコンビニの明かりが見えてきた。

松田さんは今度こそ飲み物と簡単な食べ物を買い込み、車に戻った。車に残っていた加藤くんがスマホをいじりながら青い顔で迎えた。

「松田さん、今、あのコンビニチェーンで店舗検索してみたんだけど、あんなとこに店舗ないって」

ではあれはなんだったんだ。

加藤くんはさらに続ける。

「それで、地名とコンビニの名前で検索してみたら、ほら」

彼の差し出したスマホの画面には数年前、あのコンビニチェーンの女性店員が殺され、店舗そばの雑木林に遺棄されたことを報せるニュース記事が表示されていた。

もちろん、断言はできない。

しかし、松田さんは今でも自分たちが見たのはそこで殺された女性店員だったと信じているのだそうだ。

快気祝い

松江市の繁華街のひとつに伊勢宮《いせみや》町がある。

松江は宍道湖《しんじこ》から流れる大橋川を境に北と南に大きく分かれる。北には松江城がありその周りには武家屋敷が並ぶ。北側の繁華街は東本町が有名。

一方、南は町人商人職人の町として発展。その中心となる南側の繁華街が伊勢宮である。花街でもあった。隣接する新大橋通りはかつて川であり、江戸期の人々は船に乗りながら小唄でも歌いながら伊勢宮に遊びにでも行ったろうか。

伊勢宮という場所は四百年前に松江ができてから、いやおそらくそれ以前から、飯を食ったり酒を飲んだり、女を抱いたり、人の営みを積み重ねてきたろう。

観光地松江城と交通拠点ＪＲ松江駅との間にある伊勢宮町は、観光客も必ずといっていいほど飲食に立ち寄る場所であろう。

そんな繁華街にある、小さな飲食店がたくさん入るビルの二階、スナックに勤めていた女性Tさんから聞いた話だ。

Tさんのいたスナックと通路を挟んだ斜め向かいに「カナッペ」というバーがあった。どちらもカウンターとボックス席が三席ほどの狭い店で、「カナッペ」のマスターとよく顔を合わすこともあり仲が良かった。

Tさんは仕事終わりに「カナッペ」に立ち寄ったりして、一、二杯飲んで帰ることも多かった。

人柄のいいマスターで、いろいろな人の面倒をよく見ていたこともあり、多くの人から親しまれ、店は小さいがいつも繁盛していた。

ある日、「カナッペ」のマスターが体調を崩して入院してしまった。
マスター不在の店はどうしようもなく、しばらく休業することになった。
マスターの体調は思わしくなかったのか、休業が三ヶ月を越えようとした頃のこと。
深夜二時前、最後の客が帰り、さあもう店を閉めよう、としていた。

火の点検をして電気を消して廊下に出て——ドアの施錠をしていると、向かいの「カナッペ」から非常に賑やかな、たくさんの人の声が聞こえてくる。

このビルのバーやスナックは、カラオケなどの防音対策でドアが分厚い。その分厚いドアの向こうから、歌う声や何人もの男女が楽しげに笑い、話をしている声が漏れ聞こえる。

（あ、マスターが戻ってきたんだ！）

Tさんはそう思うと嬉しくなり、自分もその輪の中に混ざろうと「カナッペ」のドアを開けようとした。

しかし、ドアは頑として開かない。

「あれ？」

Tさんはドアを軽くノックした。常連客でいっぱいで、閉め切ってマスターの快気祝いでもしているのかと思ったのだ。

「ねえ！」

いくら叩いても声をかけても、誰も気づいてくれない。その間も相変わらず、中からは楽しげな談笑とカラオケで歌う声が微かに聞こえてくる。

おかしいな、と思った時、ドアの貼り紙に気がついた。

いや、この貼り紙は前から貼ってあるのはもちろん知っている。

【病気療養のためしばらくお休みします。カナッペ】

もうずいぶんと長い間、貼り出されていたので、紙の端は破れたり、よれたりしてしまっている。

（マスターが戻ってきているなら、貼ってあるままになっているのは変だ……）

その貼り紙を見ているとTさんは、ドアの向こうの楽しげな声がどこか遠くから聞こえてくるように感じた。

今の時間が真夜中の二時を過ぎていることもあり、少し薄気味悪くなって、そっとドアから離れると家路についた。

翌日、確認したが「カナッペ」はずっと閉店中、マスターどころか誰も来ていないことがわかった。

マスターが亡くなったという知らせを聞いたのは、数日後だった。

覗く顔

松江市内にある、とある居酒屋での出来事二話。

ある年の始め頃、雪こそ降っていなかったが底冷えのする夜だった。

十時過ぎ。その居酒屋は通りから少し外れた場所にあったこともあり、客のピークは八時九時で、十時を回れば客も少なくなる。

フロア担当のアルバイト、Yさんは、客たちの様子を確認しながらレジ周りを片付けていた。

ふと、入り口を見ると、ガラス扉の向こうに三歳くらいの女の子がいた。

レジ台は入り口扉の真ん前である。

Yさんは、ちょっと変な子だなと思った。

ガラスにベタッと両手と顔を押し当て、店の中をキョトキョトと眺め回しているのである。

(こんな夜の時間になぜ？　店に親が来ているのかしら？)

店の中を見るといっても、女の子のいるところからはレジ台や仕切り壁あるので見える範囲は狭く、まして中の客の姿まで望めまい。

だが、小さな女の子の目は、せわしなく上下左右へと動き、店内を見ているようだ。

女の子とYさんは、扉を挟んで目の前にいるのだが、女の子にはYさんなど見えていないかのようである。

(変な子)とYさんはますます思った。

真ん前に居るのに目が合わないなんて……。

そこではたと気がついた。

(店の扉は自動なのに、あんなにピッタリと女の子がくっついているのに、なんで反応しないの？)

そして違和感がはっきりした。

女の子は半袖姿だったのである。

ふと、カップルが歩いてきて、女の子の後ろに立った。女の子の姿が薄っすらとしたかと思ったと同時に、自動扉が開いて客が入ってきた。

女の子は消えた。


別の夜のこと。

居酒屋では古株の板前、Sさんは、その夜、閉店作業を一人でやっていた。

一人だからと、自分のペースでカウンター周りをのんびりと片付けをしていたら、ふと、誰かに見られている感じがした。

Sさんは慎重に周りを見る。誰か客が残っていたのか？　そんなことはあるまい。では客が入ってきたのか？　そんなこともない。

誰も居ない。だが強い視線を感じる。どこだろう。

店内の一角に生け簀《す》が置かれているのだが、なんだか様子がいつもと違う気がする。

アジやヒラメなどが入れてあるのだが、それら魚が泳いでいる中に、何かが見える。

（うわ、生首だ！）

女の顔がユラユラと生け簀の中に見えるのだ。

声も出せず驚いた。だがすぐさま、これは錯覚に違いないと思った。

生け簀の向こうの壁にビールのポスターが貼ってあったはずだ！　生ビールのグラスを持った女優の顔が透けて見えているんだ。

生け簀の中の魚が、女の顔の前を横切った。

そして別の魚が、その女の顔の後ろを通った。

女の顔は生け簀の中にある。

これは、なに？　どういうことだ？

生け簀は、客がいたずらで手を入れたりしないよう、しっかりと網で蓋をしている。

生け簀の中に物は入れられない、店の者は当然よく知っている。

なんだ？　いったい？

Sさんが頭の中で思慮をめぐらしているうちに、生け簀の中の女の顔は消えていた。

「その瞬間は、怖いっていうより、どういうことなんだってことばっかり考えちゃってね。あとで改めてゾッとしましたよ」

そう言ってSさんは笑った。

飲み屋に出る女

三島明夫さんは、松江市内に数軒のバーを営むやり手経営者として知られている。

彼が若い頃、初めて持った店は、飲み屋ばかりが二十軒ほど入った大きなビルの一角。小さなバーを一人で切り盛りしていたのだという。

このビルには不吉な噂があった。

いわく、「このビルに入るある店のホステスが屋上から飛び降りて自殺した。それから、このビルの中のあらゆる店にそのホステスの幽霊が出る」というもの。

これは地元では結構有名な話で、一時期このビルに「店員が幽霊のコスプレで接客するのが売りの居酒屋」なんてものもあったところを見ると、宣伝効果が期待できる程度には知られていたようだ。

三島さんは当初そんな幽霊話など信じていなかったが、そのうち複数の常連客から、

「あれ？　バイトの子、入れたの？」

と、訊かれるようになった。

「え？　いや、相変わらず一人でやってますけど」

「でもさっきまでカウンターの中に、赤い服着た女の子が立ってたじゃない。働くそぶりがないからさ、『今日は見て仕事覚えて』とか言われたのかと思って見てたんだけど」

三島さんはなんとなく例の噂を思い出して気味悪く感じていたのだけれど、「自分が見たわけでもないのだから」と努めて気にしないように振舞っていた。


ある週末。その日は普段と比べて異常に忙しく、三島さんはヘトヘトに疲れていた。

やっとの思いで閉店作業を終えたものの、これから自宅に帰って風呂に入って何か胃にものを入れて、と考えているうちにひどくおっくうになってきた。

「ちょっとだけ、仮眠してから帰ろう」

ソファを移動させて簡易ベッドをこしらえて横になると、三島さんはすぐに眠りに落ちた。
二、三時間も寝ていただろうか。何かの気配を感じて三島さんは目を覚ました。

顔があった。

目の前に。

薄暗い店内、吐息が感じられるほどの距離に目を見開いてじっとこちらを見つめる女の顔があった。感情を一切感じさせない無表情の女が、彼の寝るソファのすぐ横に立ち、腰を折り曲げて顔を覗き込んでいるのだ。

三島さんはあわてて目をぎゅっと閉じた。目を合わせてはならない、そう感じたのだという。

脂汗が目頭のくぼみに水溜りを作るほどの間、彼は目を閉じ続けた。果たして、次に目を開けたころには女は消えていた。

三島さんはその後、別の場所に店を移転。そちらが繁盛して今にいたる。

「あの夜以来、店を移転させる資金を貯めるために死ぬ気で働いたからね。そのことについては感謝してるよ」

彼は笑った。

今でも件のビルは毎夜多くの人を飲み込んでは吐き出している。

いつしかホステスの幽霊の話は聞かなくなった。

釣りの帰りに

松江市在住の男性、Iさんから聞いた話。

その夜、Iさんは仕事が終わると、日本海へ車で釣りに出かけた。

夜が深くなるまで粘ったが、結局ボウズ。まったく手応えがなかったのでだんだんとつまらなくなり、帰ることにした。

日本海から山を越え、松江市内に入った。Iさんのちょっとした癖で、車を運転している時、本道を走るより、少し外れた裏道や脇道を通るのが好きだった。その時も家までのそういった道を選んで走っていた。

内中原町《うちなかばらちょう》の県立図書館の横の道を通っていた時のこと。

突然、路地から小さな男の子が目の前に飛び出してきた。

慌ててブレーキを踏んだ。脇道を通っていたのでそんなにスピードを出していなかったのが幸いし、直ぐに停車できた。

ぶつかった感触はない。男の子は大丈夫なはずだ。

停止した車の中からIさんは周りを確認した。

男の子は道の脇に立ってこちらを見ている。

Iさんと目が合った瞬間、男の子は満面の笑顔を浮かべると、ブンブンとこちらに向かって手を振ってきた。それは嬉しそうに——。

(突然飛び出してきて！　こちらはむちゃくちゃびっくりしたのに！)

Iさんは初めこそ腹が立ったが、元々子供が好きなので、男の子に合わせて軽く手を振った。男の子はなおもニコニコしながら大きく手を振っている。Iさんもそれに応えて手を振っている——。

いつまでも男の子が手を振っているので、Iさんは手を振るのをやめた。そして、また男の子が飛び出してきたりしないかを警戒しながら、ゆるゆると車を発進させた。

バックミラーで見ると、男の子はいつまでも道脇でIさんに手を振っている。

家に帰った。

釣り道具を降ろすと、何気なく時計を見た。

夜中の三時過ぎ。

男の子と会った場所から家までは十分ほどである。

あの時、なぜ不思議に思わなかったのだろう。真夜中の三時に、男の子があそこで何をしていたのだろうかと——。

火星人の肝試し

かつて松江市にあったそのデパートは当時の小学生にとっては特別な遊び場だった。大小さまざまなコイン遊具が並ぶ屋上広場。しかも夏休みには必ず昆虫や熱帯魚などの少年の心をくすぐるイベントが企画され、保護者の許しさえ出れば幾度となく遊びに出かけたものだ。

隣町で育った井沢さんも例外ではなかった。

その夏、帰省する予定の叔父さんに、従兄弟と一緒にデパート屋上のイベントに連れて行ってもらえることになっており、ずいぶん前から心待ちにしていたそうだ。

当日、井沢さんは叔父さんに連れられて、仲の良い従兄弟とイベントを満喫していた。叔父さんはその様子をニコニコしながらそばで見守っていたのだが、ふと見ると姿が見えない。不安になって従兄弟と二人でキョロキョロしていると、いつの間にか少し離れた場所に叔父さんが突っ立っているのを発見した。

駆け寄ってみると、叔父さんは無表情でぼんやりと何かを見つめていた。視線の先にはコンクリート製の大きな庇《ひさし》があり、日陰にいくつかのベンチが点在している。

そのさらに奥に、商売繁盛か無事故を祈願する何かだろうか、小さいながらも立派な社《やしろ》が鎮座していた。

真夏の強烈な日差しに慣れた目には、日陰は墨で塗ったように暗く感じる。

叔父さんはその闇の中の社を見つめていた。

と、突然、叔父さんがいつもと違う、ゆっくりとした口調でしゃべりだした。

「ほお……。面白そうだなぁ……あれ……。『火星人の肝試し』だってさ……。……なあ、やってみるか……？」

井沢さんたちは目を凝らした。しかしその方向には社以外に目に入るものは何もない。

「なあ……行こう。早く行かないと……終わっちゃうかも……」

とうとう歩き始めた叔父さんの手をあわてて二人は必死に引っ張った。それでも進もうとする。

「ねえ、おじさん、どうしちゃったの？」

二人が必死になって止めても、叔父さんはそれに応えず、ズンズンと進んでいく。

「火星人の肝試しだよ。なあ、火星人の肝試しだよ」

まっすぐ前を見据えて叔父さんは繰り返す。

恐ろしくなった二人が「おじさん」と何度も呼んでいるのを不審に思ったデパートの従業員が、叔父さんをなかば無理やりに屋内に連れて行った。

叔父さんが正気に戻ったのは、屋内に連れ戻されてすぐのことだった。

ほんの数分前まであれほどご執着だった『火星人の肝試し』というなんだかよくわからないアトラクションのことはすっかり忘れていた。むしろ井沢さんたちが叔父さんをからかおうとして嘘をついていると疑われる始末だったという。

従兄弟とはその後もこの件を話題にしていたが進展があるわけでもなくいつしか語られなくなっていった。

井沢さんは思い出す度に、もしあの時、叔父さんを引き止めていなかったらどうなっていただろう、叔父さんには一体何が見えていたんだろう、と考えるのだそうだ。

社の目

『火星人の肝試し』の舞台になったデパートに勤めていた斉藤さんが教えてくれた話。まさに同時期と思われる。

件の通りデパートの屋上には小さな社が祀られていた。

「元々この場所に祀られていた田畑の守り神で、このデパートの創業時に地権者から社を粗末に扱わないという条件で土地を譲り受けた」

と聞かされていたのだが、それとて誰かの言っていたことの受け売りである。正確なところは誰も知らない。

また知っていなくとも誰も困らない。従業員にとっても、客にとっても、すでに風景の一部に埋没しているようなものだった。

その頃、このデパートに変わった客が一人、いた。

週に一日か二日程度、決まって平日の朝の開店時間ちょうどに来店し、デパート内にある喫茶店でモーニングを食べると、あとは閉店時間までデパート内をウロウロと歩き回って過ごす女性である。

年の頃は五十前後だろうか。手入れのされていない長い髪の毛はゴワついており、うつむき加減に歩を進める様子は明らかにあまり良くない精神状態を連想させた。

黒っぽい服装であることが多いことから、従業員は彼女のことを『黒婦人』とあだ名し、店内をうろつくことを「パトロール」と言っていた。

気味悪く思う者も多かったというが、それでも特にトラブルを起こすわけでもなく、また彼女の背後に何か不憫な物語を感じとったためか、誰もが彼女のことを好きにさせていた。

その日のお昼頃、斉藤さんは後輩社員から仕事の進め方について相談したいと持ちかけられ、二人で屋上に上がった。

屋上の端に置かれた小さなベンチは鉢植えの列の陰にあるため、目立たず、利用する人がほとんどいない。顔を上げれば周囲を見渡せ、仮に会話が誰かの悪口になったとしても近づいて来る者を事前に察知できる。

斉藤さんは密談や気分転換にこの場所を好んで使っていた。

数メートル先には夏休みの終わりを満喫する地元の子供たちが遊びまわっていた。

庇の下のベンチに座る黒婦人も見えた。朝から歩き通しで疲れ切っている様子だ。しかしばらくして体力が回復したらまた、「パトロール」に戻るのだろう。この庇の奥に例の社がある。

楽しげな子供たちを視界の端に収めながら、後輩の相談に乗っていた。案の定、相談はいつしかくだらない愚痴に変わり、上役の悪口へと落ち着いた。

斉藤さんがうんざりしてきたその瞬間、庇の方向から女性の大声が聞こえてきた。

「はい！　わかりました！　すぐそちらへうかがいます！」

見ると黒婦人が立ち上がり、社の方へ小走りに向かうところだった。黒婦人の近くにいた女の子が突然の大声に驚いて泣き出している。

斉藤さんはその声に反射的に走り出す。黒婦人が社に何かしようとするなら、それを止めなければ。

（火でもつけるんじゃないか）と、咄嗟《とっさ》になぜか斉藤さんはそう思ったという。

パニックになった子供たちが斉藤さんの向かう足元で走り回る。子供たちにぶつからないよう、斉藤さんは避ける。それで数歩遅れた。

その間に黒婦人が、社の前に立ち、小さな観音開きの扉に手をかけ、そして、力任せに開けた。

「あんた、何してんだ！」

ようやく背後にたどりつき、黒婦人の手首をつかんで引き離した。追いついてきた後輩に黒婦人を任せると、元通りに閉めようと社の扉に手をかける。

斉藤さんにとっては初めて目にする、恐らくは数十年ぶりに開いた社の内部であった。暗い奥に何か木製の箱のようなものが見えた。その時、目前の扉の内側に黒い野球ボールのようなものがゴソと音を立てて落ちてきた。

斉藤さんはそれに目をやり、何かと気づいて「ひっ！」と体を硬直させた。

それは虫の塊だった。無数の虫が、ボールのように大きく群れなし丸まって、死んでいるのだ。気持ちの悪さに胃液がこみ上げてくる。

（早く扉は閉めてしまおう）

思ったその時、虫のボールがもぞ、もぞと動くのを見た。

虫ボールの中に、目があった。血走った、人間の目がひとつ、虫の隙間から、斉藤さんを凝視していた。その目が瞬きをするのに合わせて、虫の死骸がもぞ、もぞ、と揺れていた。

「ひあああ!」

今度こそ斉藤さんは情けない叫び声をあげ、力いっぱい扉を閉めた。

腰を抜かした斉藤さんの背後で、黒婦人は放心していた。


その後、黒婦人はしきりに頭を下げる家族に連れられ、帰っていった。それきりデパートに姿を見せなくなったという。

結局、その日見たものがなんだったのか、斉藤さんにはわからない。斉藤さんは屋上に近づかなくなり、数年して一身上の都合でその職場を去った。

その時のことを思い出しながら斉藤さんはこう言っていた。

「なんなのかわからないけど、あれは何か良くないものだよ。お祀りの仕方が悪かったのかなあ」

デパートは取り壊されて久しい。いずれ、町の人の記憶からも薄れてゆくだろう。

産婦人科に住む

三木くんは大学生の頃、宍道湖そばの町にある、個人経営の産婦人科医院に住んでいた。

どういうことかというと、このあたりは昔ながらの町並みの残る地方都市。持ち家率が非常に高く、逆に学生向けのアパートが慢性的に不足していた。現在はかなり解消されていると聞くが、十数年前までは「大学の合格発表の後からアパートを探し始めていたのでは間に合わない」などと当たり前に言われていて、アパート争奪レースに乗り遅れた者は不動産屋に頼み込んで、入居者の少ない社員寮の空き部屋など、普通の客には出さない特殊な物件を紹介してもらったりしていた。

三木くんも、借りられそうな物件がすべて埋まってしまっていたため、なんとか入学直前に引っ越せたのは大学から少し離れたところにある、古い産婦人科医院の三階だったというわけだ。

古いながらも四階建ての病院は、一階が診察室、二階以上が入院者用の病室だったが、院長先生が高齢なのと、少子化の影響で入院者が減ってしまったため、いつからか三階以上の元病室を学生に貸すようになったのだという。

小綺麗に改装されてはいるが、ベッドとそのすぐ横のキャビネットは病室として稼動していた頃からの備え付け――いいのやら悪いのやら。

さすがに友人を呼んで大騒ぎなどはできないまでも、やっと腰を落ち着けてくつろげる自分の城、ということで三木くんはそれでもそれなりに満足していた。

しかし、引っ越ししてから数日後、奇妙なことが起こり始めた。

深夜に赤ん坊の泣き声がする――産婦人科なのでそれは変でもなんでもないのだが、妙に声が近い。入院している者のいないはずの三階で泣いているように聞こえる。

それでも最初は「建物の構造上、下階の声が響くに違いない」と気にしないようにしていた。それが気のせいではないと気がつく頃には、周囲から顔色を心配されるほど衰弱していたという。

夜中に狂ったようにドアを叩かれ、慌てて出てみると長い廊下に誰もいない、ということが続いた。何回かそれが繰り返された際に、よく見ると向かいの部屋のドアの前に盛り塩がしてあるのを発見した。

自分の部屋だけではない。気のせいじゃないんだ。

ここにいたってとうとう三木くんは引っ越しを決意した。

もうこんなところにいられるものか。

「引っ越しまで泊めてくれないか」と、電話帳の「あ」から順番に友人に電話をして頼み込んだ（一番の親友だと信じていた人には断られた）。

その電話の最中、机の上の紙くずが円を描いて舞い上がるのが視界の端に見えた。

（え？　隙間風？）と顔を上げた瞬間、人の形をした半透明の塊が壁から出てきた。

それはまるで水信玄餅が壁から生えてきたようだったという。

その塊は、そのままベッドに倒れこむようにして——消えた。

それを見た三木くんは最低限必要なものだけかき集めると、部屋から逃げ出した。


翌日、どこでもいいからと不動産屋で引っ越し先を決め、友人宅を転々としながら退去日までその部屋には戻らなかったそうだ。

その医院はそれからほどなくして廃業したため、もう跡形もない。

参観日

松江市在住で、とあるスナックのママをしているMさんという女性の話。

今は違うが、Mさんは以前、島根大学の近くのアパートに住んでいたことがある。

ある夜のこと。

その日は客が少なかったので、日付が変わったところで退勤することにした。

知り合いの店にちょっと顔を出したので、家に帰りついた時には深夜一時を過ぎていた。軽く酔ってもいたので、Mさんは着ていた服を脱ぎ散らかすと、ほぼ下着の状態のまま布団の上に仰向けに倒れこみ、そのまま寝入ってしまった。

はっと、目が覚めた。

部屋の中は真っ暗である。目だけで時計を確認すると、三時過ぎだとわかった。

ノドがカラカラだったので何か飲もうと思い、起き上がろうとした。

しかし、体がまったく動かない。

金縛り？　とMさんは焦った。

間もなく玄関の方から、複数の人間がワイワイと話すような賑やかな声が聞こえてくる。

アパートはワンルームで、寝ている足のその先に玄関がある。

体は動かないのだが、仰向けで枕に頭を載せているので、目線を足先に向ければ玄関が見える。

賑やかに話す人の声が、次第に大きくなってきたような気がする。

唐突に、玄関が〈ガチャッ〉と開いた。

ドカドカ、ドカドカ――十数人が一気に部屋の中へと入って来た。

（しまった！　鍵を閉め忘れた？　どろぼう！）

びっくりしたのと同時に焦ったが、相変わらず体は動かない。

入って来た人たちは、薄暗い部屋の中で彼女が寝ている布団をぐるりと取り囲んだ。

唯一動く「目」を見開いてその様子をなす術もなく見ていたが、彼らは口々に何かを言いながらMさんの周りで楽しげに語らっている。

泥棒にしては様子がおかしい。

Mさんは少し冷静になって、改めて周りの人々を見渡した。

それは、おじいちゃんおばあちゃんたちであった。誰もが身に着けている服が古いもののように思える。まるで昔の農家の人のようだ。

取り囲んでいる老人たちは、寝ている彼女を指さしたり、前かがみになって彼女の顔を覗き込んだりしながら、口々に楽し気におしゃべりをしている。

「あらま。この子はこげな恰好してぇ」

「風邪ひかんかねぇ」

「心配だね」

それぞれが勝手気ままに、好きなことを言っているようだ。

しかしMさんには、老人たちの言葉に悪意などを感じることはなかった。怖いということも感じない――憶えているのはここまでだ。

いつの間に寝てしまったのか、気がつけば朝になっていた。

体は動くようになっている。夢だったのか?

慌てて玄関に向かったMさんだったが、ドアの鍵はちゃんと閉まっていた。

土の中

ある元警察官から聞いた話。

その家では排水溝の流れが悪く、業者を呼んで処置してもらっても度々詰まってしまっていた。これは下水パイプそのものに原因があるのではないかということで、パイプを掘り起こしてもらった。

するとパイプの中から、真新しい人の指が一本、出てきたのだという。

不思議なことに下水パイプはもちろん指で詰まってしまうような細いものではない。しかしそれ以外に原因らしきものは見当たらなかった。

指の持ち主を警察は捜したのだが、そこの家の家族はもちろん、近辺にも誤って指を切り落とした者などはいなかったそうだ。

その指がどこからやってきたのか、ついにわからなかった。

薄っすらとでも土を被せてしまえば、何であろうとそれは見えなくなってしまう。そういう意味では地中とは、我々に最も身近な異世界なのかもしれない。

山陰は古い土地ということもあって、土を掘り返すとよく遺跡が出る。殊に宍道湖・中海《なかうみ》の周辺などは昔から人が多く集まって住んでいたせいもあって、時折貴重な遺跡が見つかることがある。

土の下から何かの遺跡が出てきたせいで、学者や役所による調査が終わるまで工事が止まってしまう、というのもよくある話だ。

古浦くんは学生時代、埋蔵文化財調査と呼ばれるアルバイトをやっていた。調査といっても、工事が始まる前に土を掘り、岩をどかし、木の根を撤去し、何か遺跡がないか確かめ、あれば丁寧に掘り出すといった、アカデミックというより肉体労働に近い内容だ。

その日、彼は松江市内の河川の護岸工事の予定地に派遣されていた。

松江の北側は松江城を中心に水路が縦横に走り、江戸時代には水運が非常に発達していた。そのため、水のそばでは船着場の跡など水と共に暮らしていた人たちの痕跡が発見されることが多い。

その現場の作業に入ったその日の夜から、古浦くんは決まって同じ夢を見るようになった。

作務衣のようなものを着た男が頭を抱えてのた打ち回っている夢。

起きると彼自身、軽い頭痛がしていた。

「痛い。痛い。痛い」

男のうめき声が耳に残っている気がする。

動けないほどではないので、アルバイトは休まなかったが時間がたつ毎に頭痛は重くなったようだった。

朝、頭を抱える男の夢を見て、頭痛に悩まされながらアルバイトに向かうという日が数日続いた。頭痛は一向に良くならない。さすがに翌日さらに悪くなるようならアルバイトを休んで病院に行こうと思っていたその日の作業中だ。

にわかに頭痛がひどくなり、古浦くんはとうとう頭を押さえて座り込んでしまった。

その時ほぼ同時に他の作業員が、

「班長さん！　ちょっと来て！」

と叫んだ。

古浦くんもよろよろと行ってみると、土から何か白いものが覗いているのが見えた。何か動物の骨のようだ。

もしかすると人の骨かもしれない。すぐさま警察が呼ばれ、調査が行われた。

確かに人の骨であったが、死後百年以上が経過した恐らく江戸時代のものであったらしく、事件性はないとされた。

今回の作業が開始される際に目印に地面に打たれた一本の杭が、頭骨の一部を破壊していたのだと聞かされた。

古浦くんは思わず現場に行って手を合わせて何度も頭を下げて許しを乞うたそうだ。

その杭を打ったのは、他ならぬ古浦くんであったのだ。

翌日、嘘のように頭痛は消えていたのだという。

無縁仏

松江市内に住む吉川さんの家の墓の区画には昔から正体不明の墓石がひとつあった。大きさは握りこぶし三つを合わせたくらい。つるんとした自然石で表面には文字なども彫られていない。

しかし半分地面に埋められた台座に乗っており、手前に花を活けるための筒があるところを見るとやはり「落ちている石」ではなく「設置された墓」であるようだ。

最も大きい先祖代々の墓、近年亡くなった親族、個人個人の墓が並ぶ外れに、それは吉川さんが物心つく以前からあった。

吉川さんが幼いころお盆に家族そろって墓参りに行った際に、何気なくその正体不明の石塊にも手を合わせていると背後から祖父の拳骨が飛んできた。

言うには、

「それは家とは関係ない無縁仏。拝んだりしたらご先祖様がやきもちを妬くからそんなことをしてはならない」

そんなにアンタッチャブルなものなら、なんでうちのお墓の敷地にあるんだよ、と理不尽に感じたが、まだ幼い吉川さんは同時に自分にはまだ理解できない事情がなにかあるんだろうな、とも思って無理やり自分を納得させたのだという。

この墓石の正体がわかったのはそれから十年もしてから。法事で親族が一同に会した際に酔っ払った親族の幾人かが教えてくれた。

「明治に入ってすぐのころ、吉川家の家の真ん前で身元のわからない男性が一人、行き倒れて死んでいた。哀れに思った当時の吉川のじいさまが簡単な墓を作ってやったそうだ」

わかってみたらそこまで変な事情でもなかった。

それからさらに二十年。

吉川さんはなんとなく寝付けない夜、決まって同じ夢を見るようになった。

時代劇で見るような古臭く、薄汚れた格好をした男がこちらをじっと見ている。年のころは四、五十歳くらいだろうか。何かをするわけでもなく、笑うでも泣くでもなく、ただただ、じっと男に見られている夢。

薄気味悪い夢だが、不思議と吉川さんは男から恨みがましいような嫌な感情は感じなかった。

しかし何度も見るならそれはそれで気になる。

やはり法事で親族が集まった席で母親が、

「死んだおばあちゃんにお参りする度に『夢枕でいいからね。会いに来てね』って心の中で言ってるんだけど、一度も夢に出てきてくれない」

というような話をした際に「夢枕と言えば……」とその夢の話を振ってみた。

するとそれを聞いていた親族の一人が、

「その男はトンビ（外套）に袴じゃなかったか？」

と口を開いた。それにつられるように何人もが実は俺も、と口々にしゃべり出す。

その日集まった親族のうち何人もが同じ夢を見ていたのだ。

恨み言を言うでもなく、何を伝えたくてそんな夢に出てくるのか。その謎についてあれやこれやと話をしているうちに、例の無縁仏の話になった。

「もしかすると、あの行き倒れの男の人じゃないか?」

「もう、いいから。もう、充分だからと言いたいんじゃなかろうか」

親族たちがあれこれと言う。

生きている者にとっては都合のいい解釈かもしれないが、男の視線に悪いものは感じなかったし、なにより本人が夢の中でしゃべらないのだから、こちらで推測する他ない。

結果、その姓名不明の行き倒れ氏は寺が管理する無縁仏と合祀されることになった。

今でもたまに吉川さんは「あれで正解だったのだろうか」と思うこともあるらしいが、吉川さんにしても親戚にしても、それきり例の夢は見なくなったということだ。

侵入者

現在主婦をしている多久さんがまだ高校生の頃、ひどく怖い思いをしたそうだ。

その日の深夜、彼女はこっそり家を抜け出して、周りが水田に囲まれた（他人の）農機具小屋に彼氏と忍び込み、明け方までいちゃついていたという。

と、その時、遠くからパカッパカッパカッと、馬の蹄《ひづめ》のような足音が近付いてくるのが聞こえてきた。

彼女は運悪く、私から「実はこのあたりは戦国時代に尼子《あまご》と毛利《もうり》が争った古戦場だったのだ」と聞いていたものだから、「これは落ち武者の亡霊が出たに違いない」と青ざめた。瞬時に鎧《よろい》武者《むしゃ》に斬殺されて横たわる自分たちの姿まで想像してしまう。

しかし、明かり取りの窓から外を窺う彼女たちの前を通り過ぎていったのは、彼女も初めて見る、野生の鹿だった。

このように、事前に知っていた情報のせいで、なんでもない音や出来事が、まるで幽霊の仕業のように感じてしまうことが、ある。

怪談を蒐集していると、そういう「それは思い込みか勘違いなんじゃないかなあ」と言いたくなる話に遭遇することも多い。


松江市の南部に、かつて野盗が根城を構えていたとされる場所がある。勇敢な侍がたった一人でその野盗を退治したという伝説があり、その侍を祀る神社も存在するらしい。

時代が下って明治になると、このあたりは軍隊の砲術訓練に使用されるようになった。

ひとつの土地にふたつの逸話があるものだから、ここからほど近い場所にある高校の生徒の間では、数年おきに「侍の幽霊」と「行進する軍人の幽霊」の噂が交互に流行《はや》るという話だ。

昔、その高校で教員として働いていた黒川さんは、

「一人で残業でもしてる時に遭遇するとしたら、侍かな。それとも兵隊さんかな」

などとおどけていたそうだ。

ある秋、黒川さんはその日の業務を終え、校内にある駐車場に向かって一人で歩いていた。日が短くなっていたため、あたりはすっかり暗い。

職員用駐車場に点々と設置された、防犯灯の明かりに照らされた自分の車が見えてきたその時、どこからかサー、サーというかすかな音が聞こえてきた。黒川さんは「アナログレコードに針を落とした時に聞こえる、ホワイトノイズのようだ」と思った。

音は次第に大きくなっていく。

「なんの音だろう」

黒川さんは音の源を探った。

駐車場の向こうには古いレンガの塀があり、さらにその向こうは住宅街が広がっているはずだ。

「耳の遠いおじいさんがレコードでも聴こうとしているのだろうか」

そう思った瞬間、塀の上の方の景色が歪んだ気がした。目を凝らしてよく見ていると、塀の上で何か黒いものが蠢いているのが見えた。

それは、何か、黒い塊だった。全体的に芋虫のような形状で、顔のようなものは見当たらない。

人よりやや大きいくらいのサイズに感じたが、途中から塀の向こうに隠れて全容ははっきりしなかった。表面はナメクジのようにヌメヌメしているように見える。

体の両側に、無数の赤ん坊の手のようなものが一列に並び、それが蠕動することで、塀を乗り越えて来ようとしているように見えた。

サー、サー、という音は一体なんなのか、その物体から聞こえてくるようだ。

(これは、一体なんなのだ)

黒川さんはあまりの恐怖と嫌悪感に、心臓が締め付けられるように感じた。

すぐに車に乗り込むと、一目散に車で逃げ去った。事故を起こさなかったのが奇跡に感じたのだという。

翌朝、「生徒のいたずら」で教員の車が一台、泥水でドロドロに汚されていたらしく、ちょっとした騒ぎになっていた。

結局、犯人は見つからなかったが、黒川さんは「あれ」の仕業だと確信を持っているのだという。

「見たのが侍か兵隊さんなら、まだマシだった」

と、黒川さんは言っている。

鋭い日野くん

幼少期を松江で過ごした大森さんの、小中学校時代の同級生に日野くんという男子生徒がいた。

彼は異常なほどに勘が鋭かった。いや、勘が鋭いというより、むしろ、超能力を持っている、と言われた方が素直に納得できるくらいだった、と大森さんは語る。

日野くんが大森さんの家に遊びに来た際には、かかってきた電話は受話器を取る前に誰がかけてきたのか、相手が同級生なら必ず言い当てた。

国語の授業中など辞書を開く際には、お目当ての調べたい単語が載っているページを、彼は百発百中で一回で開いて見せた。

彼があまりにじゃんけんが強いことを気味悪がられて、仲間はずれにされかかったこともあったという。

その時のことがトラウマにでもなっているのか、周りが彼の力のことを超能力だと言うと、日野くんは必ず、

「勘が鋭いだけだよ」

と、訂正していたのだそうだ。


彼らが小学校の遠足で出雲に行った時のことだ。

有名な神社をいくつか見学し、地元の方のお話を伺い、稲佐《いなさ》の浜を訪れた頃にはうっすら夕焼けの時間になっていた。

稲佐の浜は出雲神話の中でも名高い、「国譲り神話」の舞台となった砂浜である。浜の中心に位置する海中にかつて弁才天を祀った（現在は豊玉毘古命《とよたまひめのみこと》を祀っている）「弁天島」と呼ばれる大岩が鎮座している。

砂浜に生徒が集めて座らされ、教師の退屈な話を聞かされていた時、突然大森さんの二の腕を、ぎゅっと掴む者があった。

見ると、隣にいた日野くんが、うつむき加減で真っ青な顔をして大森さんの腕を、握り締めていた。唇も、冷たいプールに入った後のように、紫色になっている。

大森さんは、てっきり具合でも悪くなったのかと思い、

「どうした？　気持ちが悪いや？」

と、こそっと聞いた。すると日野くんは、小さく頭を振り、

「違うに。あの、先生のずっと後ろから、こっちに向かって歩いて来る、髪の長い女の人」

日野くんの声は、聞いている方が哀れに感じるほど震えている。

稲佐の浜は有名な観光地だ。この時も、幾人かの観光客が波打ち際で遊んだり、写真を撮ったり、思い思いに過ごしているのが見えた。

その中に、話を続ける教師の後方、海の方から、確かにこちらに向かって歩いてくる、白っぽいワンピースを着た若い女性が一人、いた。

「あの人がどうかしたかや？」

「あんま見いなや。気付かれるけん。あの人、多分、人間じゃない。やばい。やばい。こんなの初めてだ」

その言葉に大森さんも顔を伏せ、こっそりその女性を窺っていた。

と、その女性の足首あたりから白い蒸気が立ち上ったように見えた。

その蒸気はうっすらとその女性の全身を包み、数瞬の後、その蒸気と共に彼女の姿は

掻き消えていた。

大森さんも日野くんも、その光景を呼吸も忘れるほどに驚愕しながら見ていたのだが、不思議なことに、それを目撃したのは彼らだけであったという。


旧暦の十月は一般的に「神無月《かんなづき》」と呼ばれている。しかし、全国で出雲地方においてのみ、「神在月《かみありづき》」と呼ぶ慣わしだ。

これは、この時期、全国から神々が出雲に集まって、翌年について会議を行うため、出雲では「神が在り」、他の地域では「神が無い」、という伝承に基づいている。

そして稲佐の浜は、全国より集まってきた神々が出雲の地に上陸する場所である、という伝承もあり、毎年、神在月の初めに神を迎えるための「神迎神事《かみむかえしんじ》」が行われる場所でもある。

大森さんはそのことから、自分が見たのは、神と呼ばれている何か、だったのだと解釈しているのだという。

日野くんは風の噂に、平凡ながら幸せに暮らしていると聞く。

彼の「勘」は長じて失われてしまったのかもしれない。

バチ

島根には年に一度、日本中の神々がお集まりになられるといわれている。

そのためか、島根という土地には神様が多くいらっしゃるし、島根県民は信心深い人が多いと言われている。「島根県は人より神様が多い」などと、島根をあまり知らない他府県の方に向け、自虐的ユーモアを込めて言う者がたまにいる。筆者（本間亀二郎）もその内の一人だが、そういう時は一様に、誇りと諧謔《かいぎゃく》味を込めているのである。事実、神社仏閣は多く、地域に根差し、何代も何代も地域の社と共に生活をしているのが日常である。

多くの神様は古事記や日本書紀に記されているが、ごくたまに、記紀にも記されていない、またはもうすでに御名さえ不明な神様を祀っている御社もある。記紀より古い神様か、長い年月の中で神様の御名前が伝わることなく今に至る、という神社もある。

そんな小さなとある神社と、とある小さな集落でおこった出来事がある。情報提供者の願いで、神社・集落の名前、出来事の年代日時も一切秘匿である。

この神社である年、何十年に一度の本殿の解体修理が行われた。

修理の手伝いなどは神社のある集落全体で行われた。なので、ちょっとしたお祭り騒ぎとなり、特に氏子筆頭のAさんは熱心に取り組まれたという。

やがて解体修理は終わり、美しく清められた神社本殿に、集落の人たちの気持ちも誇らかに、新たな日々迎えようとしていた頃、集落で奇妙なことが起きだした。

まずは、Aさんの家ではじまったという。

飼育されていた鶏がバタバタと死んでしまった。原因がわからない。そのうちに飼っていた犬が、やがて牛までも続けて死んでいった。家畜が原因不明で死んでいくことになす術もないまま、うろたえていたAさんの家だったが、家族の様子もおかしくなっていった。

Aさんの老いた両親が衰弱し、床に就いて間もなく亡くなってしまった。やがて幼かった子どもたちの様子がおかしくなり、Aさんの奥さんともども帰らぬ人となった。

とうとう元気で働き盛りだったAさんも家族を立て続けに亡くしたこともこたえたのか、みるみる衰弱し家族の後を追うように亡くなってしまった。

それがわずか一ヶ月そこらのことであったという。Aさん一家は全滅してしまった。

集落は疫病が出たと戦々恐々としたが、Aさん一家以外では死ぬ者はおろか、病気で寝込む者もいなかった。

それがとても気味が悪かったという。原因がわからないままだったので、集落の中では不穏な空気が流れていた。

なんとかしようと、集落を代表して氏子数名が、神社の神主のところへと相談に行った。

神主は、

「それじゃ一晩待ってろ。神さんにお告げを貰ってくる」

そう言うと、奥に入ってしまった。

この集落をはじめとする近隣の村では、毎年の田畑の収穫の吉兆や、失せ物探しや困りごとなど、神社の神主に相談して神様のお告げを戴いていた。

そして、それは結構な確率で当たっていたそうだ。

集落氏子の願いを受けた神主は、奥の部屋に一晩、一人で籠もると神事を行いはじめた。やがて、神様からのお告げを受け、本殿から出てきたのは翌日の昼近かった。

神主は難しい顔をしたまま、固唾《かたず》を呑んで待っていた氏子たちに言った。

「神社の廃材を風呂の薪《たきぎ》にしたろ?」

何のことかわからない氏子たちが互いに見合いながら首を捻《ひね》っていると、一人が「あ」と声を上げた。

「そういえば、Aさんが良い薪が手に入ったと、呑んでる時に自慢しとったわ」

それを聞いて別の者が、

「そういやAさん、本殿の修理の帰りにリヤカーで、廃材をぎょーさん持って帰ってたわ。あれか!」

解体修理で出た神社の廃材は、それなりの手順を経て処分されることが決められている。神様のものを適当に、しかも自分の家で薪に使うなど、もっての外なのだ。

「ちゃんと処分する、言うてたのに」

神罰は怖ろしいと、氏子たちが口々に言いあった。

——問題は解決した。

料金所

島根半島に神話の時代から語られる「美保関《みほのせき》」という場所がある。古事記の「大国主《おおくにぬし》の国譲り」に登場する場所で、大国主の御子神（息子）である事《こと》代《しろ》主《ぬしの》神《かみ》が、天照大神《あまてらすおおみかみ》の使者を出雲から迎えた場所である。

半島全体が山のように高くなっており、日本海側からの見通しが良いため、岬の突端には美保関灯台が配されており、途中の頂には通称ガメラレーダーと呼ばれる、亀の甲羅に似た形の自衛隊の大型レーダーが睨《にら》みを利かせている。

灯台の周辺には美保神社もあり、県内外に知られた風光明媚《ふうこうめいび》な観光地である。

しかし以前、その灯台につながる一本道は有料道路で、途中には、人ひとりが入る程度の小さな料金所があったという。とはいえ、美保神社が閉まる夜十七時以降、料金所は無人になるため、若者たちはその時間帯を狙って岬へ遊びに行っていた。

その後、道路は料金収納期間満了に伴い無償化され、料金所は閉鎖。長らく道の中央分離帯には、建物だけがポツンと残されていた。


今から三十年以上前、近くに住んでいたY子さんは、とったばかりの運転免許証を試したくなり、美保関灯台までドライブしようと出かけた。

車は心地よいエンジン音を吹かせながら、灯台へ続く一本道を走って行く。街灯のようなものはほとんどなく、右手には黒一色に染まった境水道が、月明かりに照らされヌメヌメと光っている。

やがて道の真ん中に、かつての料金所のシルエットが見えてきた。今は使われていないとはいえ、そのまま通り過ぎるのは気が引けたY子さんは、手前で車を減速した。

すると、突然料金所のガラス窓が開き、中から中年の男性が顔を覗かせた。

（えっ！　まだここお金取ってるの？）

男は笑顔で車の方へ腕を伸ばすと、止まれという仕草をする。Y子さんは慌ててブレーキを踏むと料金所の横に車を停めた。

停車したのを確かめた男の手が、料金所の奥に引っ込むのが見えた。

「あの～ここまだ有料なんですか？」

運転席の窓を開け、料金所に向かってY子さんは尋ねた。ところが返事が返ってこない。改めて料金所を見ると、中の灯りは消えたままで、長い間使われていないのか、ガラスは真っ白なカビのような汚れに覆われている。

「……あの～」

恐る恐るもう一度声をかけたが、やはり料金所からの返事はない。車を降り中を覗き込んだが、先ほどの中年男性の姿どころか、誰もいなかった。

もしかしたら、月明かりの作った影を見間違えたのかもしれない。そう思ったY子さんは再び車に乗ると、灯台を目指して車を走らせた。

岬に近づくにつれ、なだらかだった道は急な上り坂に変わる。Y子さんはアクセルを踏み込むと先を急いだ。

ほどなくして岬の駐車場に着くと、車を停めた。すぐ向こうには灯台の明かりが見える。Y子さんは車を降りると展望台へ向かった。

見渡すと何人かの先客の姿が見える。皆こちらに背を向け暗くなった夜の海を眺めている。

（みんな私と同じやに、夜のドライブを楽しんじょんなぁわぁ《楽しんでいるのね》）

Y子さんも、手すりにつかまると夜の日本海に目をやった。どこまでも続く真っ黒な海が広がり、遠くに漁船の灯りが見える。耳元ではザザーン、ザザーンと、岬に打ち付ける波の音が子守歌のように響き、このまま眼下の海へ飛び込んでしまいたくなる。

（いけん、いけん）

頭を振り我に返ると、周りにいたはずの先客の姿は消え、耳元では相変わらず波の音だけが響いている。

急に怖くなったY子さんは、足早に駐車場へと戻ると車に乗り込んだ。その時、彼女はあることに気づいた。駐車場に停めてあるのは自分の車だけ――。さっき車を降りたときも、他の車は見ていない。

（先に来ちょんなった人やつ《来ていた人たち》、どげんして《どうやって》ここまで来なっただぁかぁ……）

Y子さんは慌ててエンジンをかけると、今来た道を猛スピードで戻った。坂道を急いで下り平坦な道に戻ると、ほどなくしてあの料金所のシルエットが見えてきた。Y子さんはアクセルを緩めることなく料金所の横を通り過ぎた。

するとふいに遠くの反対車線に、車のヘッドライトが現れた。ライトの形からして、おそらく近所のヤンチャな若者が乗ってるのだろう。車は、けたたましいエンジン音とともにY子さんの車の横をすれ違っていく。カーブで車が見えなくなった頃、突然のブレーキ音が辺りに響き、続いて路面を削るタイヤの音が轟いた。

ほどなくして、Y子さんの車の後ろからさっきの車が、ものすごい勢いで戻ってくると、彼女の車を追い越していった。

（料金所のおじさん見ちゃったのね……）

Y子さんは、それ以後、真夜中にその道を使うことをやめた。

数年後、道路は再舗装され、その際に料金所は取り壊されたという。

美保神社のおみくじ

現在は、山陰のとある町に住んでいる音楽家の方の話。

生まれが山陰のMさんは、首都圏で音楽活動をしていた。

Mさんが三十歳の時のこと。

「俺、音楽を辞めて就職する」

そう奥さんに言ったという。

驚いたのは奥さんで、十年以上も音楽で活動していたのに、急にどうしてそんな決断をしたのか、「何か悩みがあるの？　家庭のこと？　仕事がうまくいっていないの？」などと問い質した。

Mさんは、所属していた音楽事務所と、ここのところいい関係ではなくなっていた。

ならば、契約期間の切れ目でもあり、三十歳という筋目もあり、さんざん音楽をやってきたからもういいかといった諦めもあって、きっぱり音楽を辞めて就職しようと思い至ったということらしい。

それでも今まで音楽しかしてきていないのに……と奥さんは不安に思った。

音楽を辞めたMさんは、首都圏を離れ、生まれ故郷の山陰で就職活動を始めた。

特別な手に職があるわけではないが、人とコミュニケーションを取るのは嫌いではない。営業職に絞り探したが、なかなかこれという会社に決まらない。

年齢もあるし、しょうがない、こんなことで負けてたまるか。そう頑張って就活を続けていたが、どうにもうまく決まらない。

面接に行き、担当者との感触も良く、今度こそは、という感じで進むのに寸でのところでダメになる。それが続く。

営業にこだわらず別の職種でも、と探してみた。それでも直前で別の人に決まったりして、これっぽっちも思うようにいかない。

三ヶ月が経ち、さすがに焦って落ち込んでしまった。

ある朝、Mさんは奥さんに言った。

「明日、美保神社に行ってくる」

奥さんは即座に賛同した。あまりに落ち込んでいるので気分転換にいいだろうと。

松江市美保関町にある美保神社の歴史は、古事記にまでさかのぼる。出雲大社の大国主命の長子でえびす様のモデルとも云われる事代主神と、大国主命のお后である三穂津姫命《みほつひめのみこと》を祭っている。

特に事代主神は海の神様でもあり、さらに、歌舞音曲《かぶおんぎょく》（楽器、舞、音楽）の神様でもある。そのためか音楽関係者の参拝も多く、Mさんも昔から折を見てはたびたび参拝に訪れていたなじみのある神社である。

今回もMさんが急に「美保神社に行ってくる」と言った時、奥さんは特に不思議に思わなかった。

翌日、Mさんは美保神社に参拝し、ふと何気なくおみくじを引いた。

【いまは動くな】

おみくじにはそう書かれていて、Mさんはハッと思った。

そうか、となんとなくスッキリした。

（こうもうまくいかないのなら、割り切って就職活動をせずにゆっくりしてみるか）

その日からほどなく、Mさんの母親から電話があった。

母親もまた音楽に携わる活動をされていて、美保神社に奉納演奏までされている。

その母親のもとに、関東のとある会社から神話に関する作曲の依頼があったという。

ちょうど他に仕事を抱えていた母親は、これ幸いと息子のMさんにその仕事を回してきたのである。

Mさんは喜んでその仕事を受けた。

その仕事は依頼主に大好評、成功に終わった。

以来、Mさんは山陰を拠点に音楽関係の仕事を続けている。

隠岐の声

これは取材して聞いた話ではなく、私（古川）が直に体験した話だ。

その昔、あるバラエティ番組のドキュメンタリー風の企画が大ヒット、社会現象となっていた。若手芸人が海外をヒッチハイクだけで旅をするという過酷な企画だ。

しっかりその番組に影響を受けていた私はその年の夏、友人の原西くんと二人、隠岐《おきの》島《しま》へ極力お金を持たない旅行を計画し、それにビデオカメラを持っていくことを強く提案した。原西くんも、ははあ、アレをやりたいのだな、と察して快諾してくれていた。

隠岐は島根の沖に浮かぶ大きな有人島。山陰の人間にとっては夏の代表的な行楽地のひとつだ。番組を真似ずとも二人とも貧乏な学生とバンドマン。「安上がりに行き帰りできる非日常の地、隠岐島」は大変都合が良かった。海のそばにテントを張って過ごすので三泊するが宿泊費もタダだ。

旅はアクシデントや、ちょっとしたドラマもあり、何かあるたびにビデオカメラを回し続けた。おかげで素人作品ながら、まあ身内だったら楽しんで見られるんじゃないかな、というものになっていたと思う。

隠岐から戻って数日後、仲間内何人かで集まって旅の記録の上映会をすることになった。当日、私はどうしても外せないバイトがあったため、ビデオテープを仲間に預けると二時間ほど遅れて参加するつもりだった。

私もまだ見ていないので、「酒買って行くから、上映は俺が来るまで待てよ」と強く言っていた。しかし、その約束は守られなかったらしい。

溜まり場になっていた仲間の一人のアパートに着くと、挨拶も早々に「おい、やってくれたな」とみんなにニヤニヤしながら迎えられた。

やはり私の到着を待たず、先にビデオを見てしまったという。

「俺たちをビビらそうとして、ビデオに細工をしただろう」

そう言われるが、意味がまったくわからない。

聞くと、ビデオに正体不明の声が入り込んでいるのだという。

「心当たりがない」と主張するが「いや、もうそういう芝居はいいから」とまったく信じてもらえない。

だが、私の反応を見てどうやらイタズラではなさそうだと感じたらしく、見る見る全員の表情が硬くなっていった。

怪談話が苦手な者など、あからさまに口数が減っている。

ともかくビデオを見てみないことには判断できない。私自身、見てみたら「ああ、これはあれなんじゃない?」と、何か科学的な説明ができる気がしていたのだが……。


問題の場面は私が公衆電話で電話をかけるシーンだ。

深夜、ある共通の友人に電話をかけて「実は隠岐にいるんだ」といって驚かせようとした時のものだ。すでに携帯電話を持っていたが、当時の隠岐島はほぼ全域で圏外。携帯の電話帳を見ながら公衆電話を使うというなんとも不細工なやり方をしていた。

画面の中の私が受話器をとり、プッシュボタンの番号を押す。

撮影していた原西くんの声が「出た?」と聞く。この時、受話器をあてた私の耳に入ってきたのは留守電のアナウンス——。「いや、留守電だわ」と私が応える。

それだけのシーンだ。

しかし確かにビデオを見るとおかしな音声が入っている。まるでマイクを咥《くわ》えて誰かが何かをしゃべっているかのような、つぶれたはっきりとしない音声。だが、たしかに人の声のように聞こえる。しゃがれた老婆の声のようだ、と思えた。

この時のことはよく覚えていた。

公衆電話は我々のテントの近くにあったホテルのものを使った。

ホテルの入り口に自動ドアがあり、その数メートル先にもう一枚自動ドアがある個室のような空間。そこにドリンクの自動販売機があり、その隣には公衆電話、反対側には傘立てがある。こういう個室を「風除室《ふうじょしつ》」というのだそうだ。館内の空気と外気が直接混じりあわないようにしてエアコンのエネルギーを節約するために設けられているのだという。

奥の自動ドアの向こうはフロントですでに明かりが落とされて真っ暗なうえ、無人だった。従って音声は館内アナウンスなどではない。

また、風除室には明かりが点っているが公衆電話の周囲に人がいないことを確認してからカメラを回したので近くにいた誰かの声というわけでもない。

そして不可解なのが、この声の具合ならその場にいた私たちも確実に聞いているはずなのだが、画面の中の我々はその老婆の声にまったく無反応。実際に何かの声が聞こえたのだけれども、そのこと自体を忘れていた、というわけでもなさそうである。

まったく説明がつかなかった。

説明はできないが、その老婆の声の内容に何かのヒントがあるかもしれない。というか、手がかりはこの音声しかないのだ。我々はそのシーンを繰り返し見て、「解読作業」に取りかかった。

「ここの音の母音は『a』ではないか」

「いやいや『e』に聞こえる」

それこそ全員が謎の音声の物真似ができるようになるほどの回数を見た。

結果、このように言っているのではないか、という一応の結論は、出た。

以下がそのシーンの再現だ。

受話器をとる私。

『なんじゃあ……お前らは……。見かけん顔しちょるのう』

「出た？（画面の外にいる原西くんの声）」

「いや、留守電だわ」

『そうかあ……わかったあ……。あああぁぁぁぁ……（フェイドアウト）』

受話器を置く私。

その場に、老婆が実際にいたかのように会話が成立しているのが不気味だ。

しかし何かがいたとして、最後、声がフェイドアウトしていったのを思うと、その声の主はどこか遠くに行ってしまったのではないかと感じる。

隠岐出身の人も含めて幾人かからその声の正体について仮説を頂いたが、結局のところ不明のままだ。

ビデオテープはあまりに繰り返しいろんな人に見せて回ったので、一年を待たずしてデッキに巻き込んで壊れてしまった。

ＤＶＤにダビングできる未来が来るとわかっていたら、もうちょっと丁寧に扱っていたのかもしれない。そう思うと、大変もったいない気がする。

天使の階段

山陰地方を東西に横断する国道九号線は、幹線道路であり、朝夕は通勤の車でけっこう混雑する。K子さんもまた通勤で国道九号線をよく利用する。

ある雨の日の朝、いつものように、K子さんは車で松江から米子《よなご》の職場に向かっていた。

通勤時、そして雨。視界が悪い中、少し進んでは止まり少し進んでは止まりの状態が断続的に続いた。物憂い――K子さんは自然と辺りを見渡していた。

山陰ならではのしとしと降る雨の中、左手側を望めば、数件の民家の向こうには島根県と鳥取県の境をまたがるように広がる汽水湖・中海が見えた。

右手側は国道九号線に併走するようにJR山陰本線の線路が通っている。そして線路の向こうには一面に田んぼが広がっている。

それらの風景すべてを重い曇天《どんてん》が包んでいた。

少し進んでは止まりをまたも何度か繰り返したのち、K子さんは右手側の田んぼの風景がすこし明るくなったことに気がついた。

見ていると、重く重なる灰色の雲の間から、スッと光が差した。

光の帯が奥に一筋、横にまた一筋と、田んぼを照らしている。

雲間からさす光の帯――俗にいう「天使の階段」である。幾筋も細く、天から地へと降ろされている。

雨が上がったようだ。空が明るい。

澄んだ空気に「天使の階段」がキラキラと輝いている。いつまでも見ていたいような不思議な光景に、K子さんは思わずつぶやいた。

「キレイ！」

だが同時に、K子さんは「何かある」と感じた。光の帯がどうにも気になる。遠目でよくわからないが、光の帯の中に何かもろもろしたモノが見える気がする。

（なんだろう？　雨粒が反射しているのだろうか？）

目を細めて見てみるが、よくわからない。

とっさに助手席に置いてあった携帯電話を取り上げると、K子さんはカメラを起動させるとその光景を連続で撮影した。

やがて車が進みだしたので、携帯を助手席に放り投げたK子さんは運転に集中することにした。


その日の夜。仕事を終えて家に戻ったK子さんは、一息ついたところで今朝の通勤中に見たあの光景を思い出した。

携帯の写真フォルダを開くと、何十枚もある写真を順番に見ていった。

「こんなに撮影していたのか」

とっさだったとはいえ、連続写真の数の多さを見て苦笑した。一枚一枚見ていく。やはり、なんだか光の帯の中に何かがあるような気がする。そして気になる。

携帯では画面が小さいのでどうしても見づらい。パソコンに繋げて見ることにした。

携帯の小さな画面ではわからなかったが、上から差し込んでいる光の帯の中に、たくさんの光る粒子のようなモノが写っている。連続写真を順番にパッパッと見ていくと、アニメーションのように動いて見える。

たくさんの光る粒子のようなモノは、光の帯の中で下から上へと移動しているようだ。地面から生じて、ゆっくりと上昇している——。

画《え》として、とても綺麗で神秘的だ。だが、K子さんは妙に嫌な感じがした。

画像をちょっと拡大して、光の帯のところを見てみた。

光っているのは無数の玉なのがわかった。

小さな無数の光の玉が、天使の階段を昇るように下から上へと移動しているのだ。

わかったところで、やはり嫌な感じがする。

画像としては綺麗なのに、拡大すると嫌な感じは一層強くなった。

少し迷ったのち、K子さんは最大までに拡大しながら、気になるところをくまなく確認していった。

無数にある光の玉——そのひとつ一つに、何やら黒い小さな影が見える。

K子さんは、ふと気がついた。

(これ、顔だ)

そうわかると、どの光の玉にも顔が見える。老若男女、さまざまな人の顔が写っているのだ。

それらの顔のすべてが、グワッと大きく口を開いていた。

まるで絶叫しているように――。

……この話をK子さんから聞いた時、当然の思いで「その画像まだある？」と聞いてみた。あればとても貴重な資料になると思ったからだ。

K子さんは少し申し訳なさそうな様子で、

「しばらく取ってたんだけど、結局全部消してしまった」

と言った。そしてぽつりと続けた。

「残していたら、いけないと思った」

K子さんは直感の鋭い人なのだ。結果論だが、それが正解なのだろう。

中海から来るもの

この話は〈怪談最恐戦２０２０〉ファイナル一回戦出場の時に語った話で、本にも収録されている。怪談師として活動を始めた初期の頃から、いろいろなイベントでも語っているのでご存じの方もあるかもしれないが、改めて記してみることにする。


話の舞台は、鳥取県と島根県のちょうど県境あたり。

国道九号線から日本海側へ折れて進んでいくと中海が見えてくる。

中海は山陰のほぼ真ん中に位置し、日本でも五番目に大きい湖である。境水道で日本海と繋がり、西に遡《さかのぼ》れば大橋川を経て宍道湖へと至る。この宍道湖も日本で七番目に大きい湖であるため、山陰の真ん中には大きな湖が二つも連なっていることになる。

中海も宍道湖も汽水湖なので漁業資源に大変恵まれていて、日本海とはまた違った山陰ならではの味覚が味わえる。

私の友達で、夫が飲食店を経営している、みどりさんという女性がいらっしゃる。今から三十年近く前、みどりさんが大学を卒業してすぐの頃、地元の友達と米子の「がいな祭り」の花火を見に行くことになった。

「がいな」とは米子弁で「大きい」という意味で「がいな祭り」は初日に万灯、二日目に花火と二日間にわたって行われる、山陰でも大きな祭りのひとつである。

いつもは花火大会の会場となっている米子の湊山公園で見る。しかし、みどりさんはこの年、大学の卒業祝いに車を買ってもらっていた。なので、人込みを避け、中海を挟んだ公園の対岸側、安来《やすぎ》側の防波堤まで車で行き、そこから花火を見ることにした。

早速友達と新車に乗り、防波堤まで行く。近くに車を停めると二人で防波堤に腰をかけ、花火が上がるのを今か今かと待ちわびる。

そのうち時間になって「ヒュ～……ドーン……ヒュ～……ドーン」と花火が上がりだした。対岸から見る花火は、少し迫力に欠けるものの、人がほとんどいない防波堤は中海からの風が吹き、大変気持ちよかった。

地元の大きな花火大会ではあるのだが、如何せん三十年前の田舎の花火大会である。限られた数の花火で一時間を持たそうとするため、二つ三つ上がっては時間を置き、また二つ三つ上がっては時間を置くという、今思うと少々間延びした花火大会だった。

そんな花火と花火の合間にみどりさんが何気なく水面に目をやると、月明かりに煌《きら》めく波間に、バレーボールくらいの何か黒くて丸いものが浮かんでいるのが見えた。

みどりさんは（ん？　あれ、なんだぁかぁ）とは思ったが、すぐに船のブイか何かだろうと思いあまり気にしなかった。

また、花火が二つ三つ上がり、間ができた。

みどりさんは、さっきの黒いものを気にしていたわけではない。

ただ、また何気なく水面に視線を落として、ギョッ！　となった。

あの黒い丸いものが波間にびっしりと浮かんでいる。しかも、波に揺られながら少しずつ岸へ向かって近づいて来ているようだ。

そうなってくるともう花火どころではない。しかも、みどりさんが気がついたことがわかったように、黒い丸いものは近づいてくるスピードがどんどん速くなった。

（うわぁ、どうしよう、どうしよう……）

突然「ボコン」と厭な音がして、黒い丸いものはみどりさんたちが座っている防波堤の足元へ上がってきた。

それは真っ黒で影のようであったが、明らかに赤ちゃんの形をしていた。

黒い赤ちゃんの形をしたものが次から次へと、みどりさんたちの足元へハイハイしながら上がってくるのだ。

「うわぁ！」と、みどりさんは叫ぶなり防波堤から飛び降りた。

「いきなり何？　どげした？」

「いいけん！　なんでもいいけん！　早く帰えーよ！　早く！」

びっくりする友達の手を引っ張り大声で叫んだ。

友達は訳がわからず、おろおろしている。でも、説明してる時間なんかない。

黒い赤ちゃんはどんどん岸へと上がり、そのまま防波堤を這い上ってきているのだ。

防波堤を飛び降りたみどりさんに、この様子が見えていたわけではない。

でも、見えてなくてもみどりさんにはわかった。辺りが異様に生臭いのだ。

友人を車まで引っ張ってくると無理やり車の助手席に押し込み、急いでエンジンをかけようと車のキーを取り出した。

手が震えてなかなか鍵穴にキーが入らない。

（入らん！　入らん！）と焦っていると、いきなり、バン!!　と、何か平たいもので車の後ろを叩かれたような音がした。

「何？　なんの音？」

助手席の友達が飛び上がって悲鳴のような声を上げた。

バン！　バン！　バン！　バン！

続けて横からも前からも、掌で思いっきり車を叩いているかのような音がしだした。

やっとキーが刺さり「やった！」と言って、みどりさんは力いっぱいキーを回した。

が、今度はキュルルル……キュルルル……と鳴るばかりで、エンジンがかからない。

「なんで？　なんで、かからんだ!?」

みどりさんも半泣きである。助手席では友達が、耳を押さえながら「早く、早くしてよ！」と半狂乱で叫んでいた。

そうしている間にも、音はどんどん増える。

バン、バン、バン、バン、バン、バン……。

周りでたくさんの手が車を叩いているようだった。

友達がもう限界！　と言わんばかりに「何しちょー！　早く!!」と叫んだ。

「うるさい!!　今やっちょーがん《やってるから》！」

みどりさんが怒鳴った途端、エンジンがかかった。無我夢中でアクセルを踏み込みハンドルを切り――気がついたら家の近所のスーパーの駐車場に車を停めていた。

自動販売機でジュースを買い、二人はやっと少し落ち着いた。

「あれ、なんだった？」

友達がぼそりと聞いてきた。

みどりさんは言おうかどうか迷ったが、誤魔化すこともできそうにない。

「赤ちゃん――黒い赤ちゃんが中海から上がってきて追っかけてきた」

仕方なく、そのままを友達に伝えた。すると友達が、

「あぁ、それでかぁ……」

と納得したような返事をする。みどりさんが驚いて、

「え!?　なんで？」

と聞き返すと、友達はスゴく嫌そうな顔をしながら、

「みーちゃん気が付かん？　車ん中がね、さっきからずーっと生臭いんだがん……」

車内の生臭いにおいはどうしても取れず、お気に入りの新車だったがみどりさんは半年で売ってしまったそうだ。

鳥取

TOTTORI

異様なアパート

米子市の南にかつて異様な造りのアパートが存在した。

幸運なことに以前、取り壊される直前のタイミングで見に行くことができたので多少詳細に描写しておく。

自然が多く残る住宅地の道の横、やや下方に恐らく昔は農業用水に使われていたであろう溜池がある。道と溜池の間には池に下ってゆく形に広い斜面があり、アパートはその斜面に直接建っていた。

二階建ての木造建築。いったい築何年くらい経過しているのだろう。そもそもが粗末な造りのうえに薄汚れた外壁。周囲には背丈ほどもある草が生い茂り、確かに不気味な雰囲気ではある。しかし、最も異様なことは入り口に立ってじっくりと中を観察しないとわからないかもしれない。

入り口に戸は無く、直接中を覗けるようになっていた。入って左側には斜面の傾きに沿ってなだらかに下る手作りらしいコンクリート製のスロープ（階段ではない）がある。反対の右側には二階に向かうやはりスロープ（階段ではない）がある。左側を「地下」と表現していいなら、まるで一階が存在しないような建物だ。

左右のスロープの途中にいくつか部屋の入り口らしきドアが見える。スロープの先がどうなっているのかはカーブしているため見ることができない。窓が見当たらないためかなり暗い。数メートルおきに裸電球がぶら下がっているが、その中途半端な明るさは全体の暗さを強調する効果しか発揮していないように見えた。

所々にある柱とドアを除くと、内部がすべて曲線で構成されている、ちょっと普通では考えられない建物であった。

立地にしても、造りにしても、まっとうな建築許可が下りて造られたのか、はなはだ疑問だ。

吉岡くんは小学生当時、毎日このアパートの前を通学で通っていたのだそうだ。

どういった経緯なのか、このアパートの店子には不良の青年ばかりが集まっており、すぐそばの駐車場はまるで族車の展示場のようだった。

油断して歩いていると二階の窓から水風船をぶつけられてずぶ濡れになることもあったのだという。目が合っただけでガンつけた、生意気だと、因縁を吹っかけられることもしばしば。

吉岡くんたち、通学でこの道を使う者にとってこのアパートをどう攻略するのかは一種命がけのミッションであった。

二階から人が覗いていないか注意しつつ、そっと入り口に近付き、中を窺って人がいないことを確認すると足早に通り過ぎる。理不尽ではあるが、そうまでしなくてはならなかったのだ。

ある朝、吉岡くんがいつものようにアパートの中を覗くと、その日は人がいた。

入り口から程近いドアの前に女性が立っていた。

セミロングほどの黒髪に、事務員のような制服。今にもドアとキスしてしまいそうなくらいに接近したまま、ドアを叩くでもなく、しゃべるでもなく、ただ、突っ立っている。

それ自体不自然な光景ではあったが、吉岡くんにはこのアパートの関係者に悟られることなく通過するという優先させるべきことがあった。

（友達に会いにでも来たんだろうか。目を合わせずにダッシュしたら追いかけてこないかな）

一瞬のうちに色々考えを廻らせていると、女が顔をドアに寄せ始めた。穴でも開いていて中を覗こうとしているのかと思ったその時、女の顔が消えていった。

ドアと触れた部分から蒸発でもしたのかのように、首から上が溶けて、空中に消えていったのだ。

あまりの光景に走って逃げようとした刹那、背負ったランドセルがドンと音を立てて鈍い衝撃が走った。

「こるぁガキぃ！　なに人んち覗いちょおやぁ！」

背後にいつの間にか入居者らしき男が立っていた。ランドセルを蹴られたのだ。

「ごめんなさい！　でも！　女の人が立ってて！　それで！　首が、消えて！」

指差した方にいたはずの女はいつの間にか姿を消していた。

慌てて支離滅裂に先ほど見たことを説明していると、見る間に男の顔色が変わっていった。明らかに怯《おび》えの色が浮かんでいる。

「おい、それ、絶対に人に言うんじゃねえぞ。いいな。言ったらてめえ、ぜってぇに、殺すからな。言ったらすぐにわかるけんな」

小学生にこの脅しは覿面《てきめん》だった。吉岡くんは成人するまでこの話をしたことはなかったという。

結局、それがなんだったのか、正体はわからずじまいだ。

今回、吉岡くんにこの話を書くことについては了解をとった。

「いや、大丈夫でしょー」と軽い返事をされたが、殺されないことを祈っている。

般若の面

米子市内に住んでいる男性、Cさんに聞いた話。

真夜中、パッと目が覚めたという。

仰向けに寝ていた自分の目の前に、何やら白いものが浮いている。

般若の面だとすぐにわかった。

うわっと思い、とっさに起き上がろうとしたが、なぜか体が動かない。

Cさんは、普段、電気はすべて消して就寝している。なので部屋の中は真っ暗なのだが、その般若の面だけが白く浮き出て見える。

そしてCさんが目覚めたのが切っ掛けのように、目の前をフワフワと漂い出した。

∞の字を描くようにゆっくりと、ゆっくりと、動いている。

Cさんは体も動かないし、ちょっとだけ冷静になった。

眼の前に浮いているのは、確かにどう見ても般若の面だ。

しかし、その目がニタニタと卑しく笑っているように見える。いかにもCさんを馬鹿にしているように思えて、怖いというより不愉快に思ったという。

（なんで笑ってるのだろう）

声には出していないが、はっきりとそう心の中で思った。

すると、今度は般若の面の口もとが「ニチャッ」という音がしたかのように笑い出した。ますます不快に感じたCさんは心の中で、

（ふざけんな！）

と怒鳴った。

すると、それまでふわふわとゆっくり動いていた般若の面が、急降下してCさんの目前にまで近づいた。

あっと思ったところで、Cさんの意識はなくなった。

目が覚めたらいつもの部屋——般若の面などどこにもない。

島根県の西部では石見神楽《いわみかぐら》が盛んなためか、神楽で用いられるお面——スサノオノミ

コトの面やら翁面やら鬼の面やらを、玄関先や客間に飾る家も多い。それは地域の文化に誇りと愛着を持っているからであろう。だが雲伯《うんぱく》地方（旧国名の出雲伯耆《ほうき》）と、昔から呼ばれる鳥取西部と島根東部であるこの地域ではその限りではない。

Cさんは、昨日の自分の一日を振り返ってみたが、般若の面にまつわるような場所へも行っていないし、記憶に残るようなものを見た覚えもない。

そんなことは、後にも先にも、これっきりだったそうだ。

蛇のお礼

霊峰大山《だいせん》を背負い日本海を望む鳥取県米子市淀江町《よどえちょう》は「妻木晩田《むきばんだ》遺跡」をはじめとする多くの遺跡や古墳が点在する、古代ロマンあふれる土地である。

本州では唯一、淀江町だけで出土している「石馬《いしうま》」という岩から削り出された石製の馬もあり（重要文化財）、古墳時代は九州方面とも交流があったと考えられている。

中世には交通の要所として発展し、現在地元では「本宮の泉」や、環境省が選定する名水百選にも選ばれた「天《あめ》の真名井《まない》」など名水が湧き出るところとしても有名である。

そんな自然豊かな淀江町に住んでおられる、吉田さんという主婦の方の話。

三十年くらい前の秋の夕方、家の外で遊んでいたお子さんが、台所にいた吉田さんを大声で呼びに来た。

吉田さんが慌てて外に出てお子さんの指さす方を見ると、窓ガラスと網戸の間に一匹の大きな蛇が挟まって動けなくなっている。

「あら、大変だがん。早く助けてやらんと」

吉田さんは、慎重に慎重に網戸を外して、なんとか蛇を助け出してやった。

地面に落ちた蛇は、そのまま何事もなかったかのようにスルスルと家の裏へ逃げて行った。


その日の夜、吉田さんはそろそろ寝ようと思ってお子さんと一緒に和室に布団を敷いていると、トントントンと和室の窓をたたく音がする。

「ん？　誰か来た？」

とお子さんと二人で顔を見合わせていると、もう一度――トントントン。

こんな時間に、わざわざ和室の窓から訪ねてくる人など思い当たらない。

吉田さんは、

「風で何かが窓に当たっているのかな」

と思ったが、それならそれで当たっている物をどけておかないと、窓ガラスが割れたら大変だ。

なんだか気味が悪い感じもしたのだが、吉田さんとお子さんは二人で窓際に行くと、そーっと障子を開けてみた。しかし、窓は擦りガラスなので外の様子はよくわからない。

物音は止んではいたが、吉田さんは恐る恐る窓を開けてみた。

すると、窓から五メートルくらい離れた庭の片隅に、何か白いものがぼんやりと光っているのが見える。

それは人の形をしている。よく見ると、白い着物を着た女の人だとわかった。

「あっ！」

吉田さんはお子さんと一緒に声を上げると、手を握り合ってその場から動けなくなってしまった。

どれぐらいそうしていただろうか。

やがて、白い着物の女の人は音も立てずにスーッと動き始めた。そして、家の裏の方へと姿を消してしまった。

その途端、吉田さんもお子さんも体のこわばりが解けた。その夜は一晩中、ドキドキして眠れなかったという。

次の日の朝、昨夜のことが気になっていた吉田さんは、お子さんと二人で家の裏庭へと行ってみた。すると、そこに大きな蛇の抜け殻が落ちていた。

「主人にこの話をしたら、『前の日に助けた蛇がお礼に来たじゃないかや』と言うんですけどそうなんですかねぇ……」

吉田さんはそう、懐かしそうに話を聞かせてくれた。

伝統の意味

若き銀行マンの森本さんは高校時代、鳥取県西部のある高校で野球部員として過ごした。野球ではそこそこ強い高校だったが、結局三年間、甲子園に縁は結べなかったそうだ。

この野球部には少し変わった伝統があった。毎日、学年別グループで行う校外ランニングの際に、各自ヘッドホン式の音楽プレイヤーを携帯しなければならない、というのである。

しかし、ランニング中は周囲の車の気配がわからなくて危険なため、使用は厳禁。ではなんのために携帯せねばならないのか。

ランニングコースの途中に古くて長いトンネルがある。なぜかこのトンネルを通り抜ける間だけはヘッドホンを装着し好きな音楽を聴きながら走るのである。

なぜなのか。

「このトンネルには幽霊が出る。その幽霊の声を聞かないために音楽を聴きながら全力で走るのだ」

と言う先輩もいた。ところが別の先輩には、

「ただのジンクスみたいなもんだ。無事故と試合の勝利を願って何代か前の部長が始めたのだ」

と言う者もいる。結局、なんのための伝統なのかは釈然としなかった。

中には意地悪く後輩を見張る先輩もおり、

「一年の××はこの前トンネル出てくる時にヘッドホンしとらんかったもんなあ。願掛けなんか意味ないと思うとるんか。余裕よなあ」

などと言ってはいびってくるもので、新入部員も半年もすれば、ヘッドホンをつけるのがこのトンネルを走る際のルーチンワークになってしまっていた。

森本さんも習慣になるまでは、何度か付け忘れたりしてそのまま通り抜けたりしたが、特に何か妙な声が聞こえたなどということはなく、

「体育会系の伝統なんてこんなものだ。合理的な意味があるわけではない」

と半ばあきれながら従っていたのだそうだ。

時は過ぎ、森本さんも三年になりいよいよ引退。

最後の練習日となったこの日のこと。ランニング中、例のトンネルの手前で先頭を走っていた数人が立ち止まってこう言った。

「なあみんな、ヘッドホン外してみようぜ」

ああ、そう言えばこれってなんのためにつけてたんだっけ？　そうだそうだ。意味なんかないんだった。卒業してからこのメンバーで集まる度に「そういや、みんなでヘッドホン外したけどなんもなかったよなー」と言って笑ってやる。

皆、思いは一緒のようで、強く反対する意見はなかった。

ヘッドホンを付けないまま中ほどまで進み、全員が一斉に足を止めた。いつもは通り抜けるだけのトンネルだ。改めて見ると毎日見ていたはずの壁も新鮮に思える。薄暗がりの中で誰かが、

「おおい！　幽霊さーん！」

と声をあげる。部員たちの笑い声が続いた。

その時、森本さんたちは背後から強い明かりに照らされた。車のヘッドライトだ。

交通量は多くないがたまに車が通るトンネルである。

「車来るぞー。よけろよー」

という声と共にぞろぞろと右側の壁際に寄る。しかし近付いて来ているはずの車が一向に彼らを抜かない。随分ゆっくり走っているな、といぶかしんでいると、背後から不意に声が聞こえた。

「待って。待ってください」

女性の声だ。森本さんはぎょっとして振り返って車の方を見た。他の部員も同様にしている。

見ると車は森本さんたちを追い抜くどころか、狭いトンネルを結構なスピードでバックで遠ざかっているところだった。

そのボンネット部分に、女がうつぶせでへばりついていた。

長い髪を振り乱しながらも、顔だけ森本さんたちの方に回し、笑っているようにも怒っているようにも見える。そして口を大きく開けて、

「待ってくださあい。ねえ、待ってくださあい」

と繰り返している。

運転手はボンネットにつかまる女が見えているのだろうか。バックして逃げようとしているように見える。

森本さんたち部員はみな悲鳴をあげつつ、車とは反対方向の出口へと逃げ出した。

その後、もしやと思って気にしていたのだが事故の報道などはなく、結局あの女の正体はわかっていない。

森本さんたちがあの日、ヘッドホンを外していたこととの因果関係もわからないままだ。

ただ現在では野球部のランニングコースから、あのトンネルは外されているらしい。

これは森本さんたちの功績だ。

起こされるシリーズ

その1

私が怪談師として活動する、私が怪談会を開催する、それらを勧めて企画まで一緒にしておきながら、

「私は行きませんよ」

と宣言するわびさん。

次に紹介するお話は、怖がりなわびさんの体験談の中で「起こされるシリーズ」と銘打たれた、そんなお話。

友達の家に泊まったとき、寝ていると腰をつかまれてぐいぐいとゆすられた。

半分覚醒して、友達が起こしてるのかと思い目を覚まそうとすると「おいっ！」と野

太い男の声で呼ばれた。

「あ、起きちゃだめな気がする」と思ったわびさんは気がつかない振りをした。

男は相変わらず腰のあたりをぐいぐいとゆすって「おい！　おい！」と声をかけてくる。

わびさんはドキドキしながら眠ったふりを続けていた。

そのうち男は、わびさんが起きないと思ってあきらめたのか、ゆすることを止め、声もかけてこなくなった。

わびさんは、怖くて怖くて朝まで寝られなかった。

そして、友達が怖がるといけないと思ったわびさんは、何も言わないで帰ったそうだ。

その2
わびさんが実家で暮らしていたときの話。〈怪談最恐戦２０２０〉の大阪予選で話をして本にも収録されているが、改めてここに記してみる。

先に結婚して家を出ておられたお姉さん夫婦になかなか子供ができなかったので、家族で旅行に行った帰りに子宝寺へ参拝した。

「せっかくなら」というノリで観光コースのひとつとしてお参りしたお寺なので、特別にご祈祷してもらうわけでもなく、通常通りの参拝をして帰ってきた。

旅行から帰ってきたその日の夜、わびさんが自室で寝ていると夜中にドアがノックされた。わびさんはウトウトしていたところを起こされたので、少し不機嫌そうに、

「はい？　誰？」

とドアへ向かって声をかけた。

するとガチャっとドアが開いて、そこには布団を抱えた妹さんが立っていた。

わびさんが、

「どうしたの？」

と声をかけると、

「おねーちゃん、私、今日ここで寝てもいい？」

と妹さんが言う。

「はぁ？　なんで」

そう思ったわびさんは理由を聞いてみたが、妹さんははっきり言わない。

仕方なくわびさんは、

「まぁ、別にいいけど」

と言って部屋の真ん中に敷いていた布団を横へずらして妹さんが布団を敷くスペースを作った。

妹さんはこの時二十歳前で、子供と呼ぶ歳でもない。と言うか、もう十年以上も妹さんと一緒の部屋で寝ることなどなかった。

そんな妹さんがわびさんの部屋へやってきて、一緒に寝ても良いかという。

少し不思議には思ったが、別に断る理由もないし何よりも眠たかったので、その日は布団を並べて一緒に寝た。

その次の日、わびさんが部屋で布団を敷いて寝る支度をしていると、また妹さんが布団を抱えてやってきた。

「今日もここで寝てもいい？」

と言う。

理由を聞いてみるが、矢張りはっきり答えない。

わびさんはその日も妹さんと布団を並べて寝ることになった。

そして三日目、わびさんがそろそろ寝る支度をしようと部屋に入ると、妹さんがちゃっかりと自分の布団をわびさんの部屋に敷いていた。

少し呆れながらもわびさんはもう一度理由を聞いてみた。

が、矢張り妹さんははっきりと答えない。

わびさんは、

「部屋で寝ることがいけん訳じゃないけど、このまま毎日ここで寝たって何の解決にもならんへん？　いったいどうしたかね？」

とちょっと突っ込んで聞いてみた。

すると妹さんは、渋々と言った様子で、

「部屋が怖いに……」

とぼそりと言った。

「はぁ？　部屋が怖い？　どういうこと？」

「うん、なんだかよくわからんけど部屋が怖いけん、一人で寝るのが嫌なんだがん」

詳しく聞こうと思うが、妹さんは「部屋が怖い」の一点張り。

わびさんは少し考えてから、

「じゃぁ、今夜は私と一緒にあんたの部屋で寝ようよ。それなら一人じゃないけんいいでしょ」

と提案した。

妹さんは、困ったような顔をしていたが、渋々とその提案を受け入れた。

そうして三日目の夜は、妹さんの部屋で二人で布団を並べて寝ることになった。

その日の夜中、何時ごろかははっきりしないが、わびさんは、なんだかわけのわからない恐怖に襲われて、

「うわぁぁぁ！」

と叫び声をあげて布団から飛び起きた。

なんだかわからないけど、心臓がすごくバクバクして、異様に怖い。

わびさんが飛び起きると、間髪を入れずにほぼ同時のタイミングで妹さんも悲鳴のような声を上げて飛び起きた。

咄嗟にわびさんは、

「女の人が！」

と叫んだ。すると妹さんも、

「そう!!　女の人なんだがん！」

と言う。

なぜ女の人だったかはわからない。ただ、頭の中のイメージで「女」と思ったらしい。

二人はあわてて布団をたたむと、それを持ってわびさんの部屋へ移動した。

後日、知り合いに除霊をされる方があり、教えてもらった方法を試したら、女の気配も怖い空気もなくなったそうだ。

この話をしながら、急にわびさんが、

「あー！　今思い出した。あの時、私は妹と背中合わせに寝てたんだよ。部屋は狭いから私と妹の間には人一人くらいの幅しかなかったの。そこにね、白い着物を着た女が正座をして座っていて、そしたら突然ぐぐぅーーーと女の上半身が異様に伸びて、私の背後からヌーッと私の顔を覗き込んできたのよ。だからすごく怖くなったんだわ。今思い出した……」

自分の背中にいた女だから見えていたはずはない。

「でも絶対そうだったんだよ。覗き込んできた女と目が合ってすごく怖くて……。だからいままで思い出さないようにしてたみたい。お寺さんは関係ないかもしれんけど、あの時行ったお寺さんでは水子供養もやってたんだよね。関係ないと思うけど……」

わびさんはそれからしばらく、思い出してしまった話で怖くて仕方なかったらしい。

着信

米子市では毎年、米子ガイナックス主催で「米子映画事変」という映画とアニメ、特撮、漫画のトークショーなどのイベントが開催され、今年で十回目となる。

毎回、話題の映画監督やサブカルに精通している著名な方々をたくさんお招きして、テーマ別にいろいろな上映イベントやトークイベントなどが行われるが、今作の『出雲怪談』にゲストで寄稿いただいた西浦和也さんも「米子映画事変」初期からのゲストメンバーのお一人である。

実は私、神原も西浦和也さんとの出会いはこの「米子映画事変」がきっかけだったりするが、それはさておき……。

これも「起こされるシリーズ」のわびさんから聞いたお話。

わびさんは「米子映画事変」のスタッフを長年務めていて、ゲストで来られる著名な方々との連絡係など、イベント運営において重要な役どころを担っている。

ある日、わびさんの携帯に西浦和也さんから三回着信が入っていた。

西浦和也さんは、この年も例年通りゲストで「米子映画事変」に出演予定だった。

普段から西浦和也さんとのやり取りはメールが殆どなので、三回も着信があることに驚いたわびさんは、

「なんだろう？　何か急なことでもあったんだろうか」

と少し心配しながら急いで折り返しの電話をかけたのだが、西浦和也さんは電話に出られなかった。

三回も着信があることを不自然に思ったわびさんは、この後も何度か電話をしたが、結局その日、西浦和也さんとの電話は繋がらなかった。

その日の夜中、西浦和也さんから、

「イベント中だったので電話に出ることができませんでした。ご用件はなんだったでしょうか？」

というメールがきた。

わびさんはすぐに、

「西浦和也さんから三回も着信があったので、何かあったのではないかと思い折り返しお電話差し上げました」

と返信すると、すぐに西浦和也さんから、

「変ですね。こちらからは電話もしてないし、発信履歴にも残っていませんよ」

と返事が来たそうだ。

結局お互いに用事があったわけではないので、

「いったい誰が用事だったんですかねぇ……」

という笑い話になった——とのこと。


西浦和也さんは、とある番組のプロデューサーの方とも不思議な電話のやり取りをされている体験談をお持ちだ。

西浦和也さんの携帯はあちら側と繋がりやすく自動設定されているのかもしれないなぁ……と、不思議体験をまったくしない私などは、少しうらやましく思ったりする。

みんなで歌おう

今から十年近く前のこと、米子に住んでいたBくんはやっとのことで念願の運転免許証を手に入れた。

仲間たちが次々と運転免許証を手にする中、なかなか教習所のハンコがもらえず、仲間たちからふた月ほど遅れてのことだった。

「ようやく取れた免許だけん《だけに》、早いこと試したんなっただがん」

早速仲間と連れだって、家の車でドライブに出ようと思い何人かに電話をすると、同級生だったOくんが二つ返事でやってきた。

「で、どこに行くだ?」

いきなりOくんに尋ねられ、行き先を決めていなかったBくんは言葉に詰まってしまった。

「出雲大社なんかはどげなかい《どうかい》？」

「米子からだとがいにあーし《かなり遠いし》、今から行きたってどっこの店も閉まっちょーで」

「ほんなら、ここんとこ《この辺》をぶらぶらすーかや？」

「いっつも同じだけんつまーせんわぁ《つまらないよ》」

二人でどこにしようかと、あれこれと話したが、なかなか良いアイデアが出てこない。

「そげだ、ほんなら米子空港なと行かんかや？」

「なんで空港？」

「ほら、空港につながー《繋がる》道路に、車で走ーと《走っていると》音楽が鳴る道路ができたしこだけん、ちょっと行ってみらいや」

半年ほど前に新しく整備し直された県道四七号線に、そんな舗装ができたことを聞いたことがある。たしか車で走ると「ゲゲゲの鬼太郎」のメロディーが車内に流れてくるというものだ。

場所もそれほど遠くないし、試し運転にはもってこいだと、二人は早速車に乗り込むと空港の方へと車を走らせた。

陽はすっかり傾き、あたりは夕闇に包まれていた。街中から空港が近づくにつれ、車の数は少なくなり、気がつけば自分たちの前後を走る車はほとんどいない。

やがて道路が真新しい舗装に変わると、脇には空港のフェンス、その向こうには滑走路に並んだ色とりどりの誘導灯の明かりが輝いて見える。

「こげな立派な道路になっちょーだなぁ《なったんだな》」

運転しながら思わずBくんがつぶやいた。

感動に浸りながら走っていると、やがて道路は左に向かって緩やかなカーブを描き、左車線に塗装された音符のマークが現れた。その上を通過すると、車がガタガタと小刻みに震えだし、同時にあの聞き慣れた「ゲゲゲの鬼太郎」のメロディーが車内に流れた。どうやら路面に刻まれた細かい溝の振動がタイヤを伝って、メロディーに聞こえるらしい。

「これがいに《すごい》おもっしぇ《おもしろい》がな」

Bくんたちはすぐさま車をUターンさせると、もう一度今来た道を走り始めた。

路面に音符のマークが見えると、再び車内に細かな振動とメロディーが流れた。二人はそれに合わせて大きな声で歌い始めた。

いや、歌ったというよりも大きな声で怒鳴ったと言うべきなのかもしれない。車内にはゲゲゲの鬼太郎のメロディーと二人の声が響き渡る。

ところが、二人が歌い終わっても車内にはメロディーが繰り返し流れ続けている。さっき通った時は一節だけでこんなに長くはなかったはず。しかも、気づけば車内の振動もとっくに終わっている。

不審に思って顔を見合わせると、運転席と助手席の間から、

「ふふふふふ……」

男とも女とも判断のつかない声がすると、プツリとメロディーが止んだ。

慌てて車を路肩に止め、後部座席を確かめたが、誰の姿もなかったという。

「すぐそこが水木しげる先生の故郷の境港だし、メロディーもメロディーだけん、あの声は妖怪かなんかじゃなかったかと思―だがんな《思ったんだよね》ぁ」

Bくんは、今でもあのメロディーを耳にすると、あの時響いた声を思い出すという。

とどめだ!


戦国時代、境港は毛利と尼子の合戦の地となっていた。

「弓浜合戦《ゆみのはまがっせん》」と名付けられているこの合戦では、地元でも有名な尼子の武将・山中鹿之助《やまなかしかのすけ》（幸盛《ゆきもり》）の活躍もあり毛利軍を尾高《おだか》城まで敗走させ勝利を飾った。

しかし、結局最後まで尾高城を攻め落とすことができず、尼子軍の居城・月山富田《がっさんとだ》城は兵糧攻めにあって陥落してしまう。

今でも市内には「弓浜合戦」で命を落とした多くの武士や、民を慰霊する石塚や五輪塚が点在する。


これは、西村さんという境港市に住む四十代の女性から聞いた話。

彼女が小学生だった頃。

ある夜部屋で寝ていると〈ガシャン、ガシャン、ガシャン……〉という聞きなれない音で目が覚めた。

「ん……？　何の音だろう……？」

音は一定のリズムで〈ガシャン、ガシャン、ガシャン……〉と、どこか遠くの方で鳴っている。

彼女はぼんやりする頭の中で、晩御飯の後に父や祖父と話をしていた、戦国時代の境港の話を思い出した。

「これって……なんだか鎧を着た武者が歩いてるみたい……」

そう思ったとたんに、
ガシャン！　ガシャン！　ガシャン！

音がいきなり、寝ている彼女の部屋の中へ飛び込んできた。

「うわぁぁ」

彼女はびっくりして布団をかぶった。

ガシャン！　ガシャン！　ガシャン！

その音は西村さんの寝ている布団の周りを回りだした。

とどめだ！

「いやぁ……怖い！　怖い！　お父さん！　お母さん！」

彼女は固く布団を握りしめてガタガタ震えながら、ぎゅーと目を閉じてじーっとしていた。

ガシャン！　ガシャン！　ガシャン！　ガシャン！

音は彼女の布団の周りをグルグルグルグルと回り続けている。

「やだやだ、ごめんなさい、ごめんなさい！」

何故だかわからないけれど、この恐怖から逃れたい一心で彼女は一生懸命謝った。

だが、そうやって謝っているうちに、今度は反対にこの理不尽な恐怖に怒りを感じてきた。

「こんなに大きな音なのになんで誰も来てくれないの！　もうやだ！　私何にもしてないのに！　なんでうちに来んのよ！　早くどっか行け！　どっか行け！」

彼女は心の中で精いっぱい強がってそう怒鳴った。

すると、
ガシャン！　ガシャン！　ガシャン!!

彼女の頭の上あたりで、唐突に音が止まった。

「えっ？　止まった？　なになに？　え？　ホントにどっか行った？」

部屋の中はシーンとして、まったく音がしなくなった。

聞こえるのは自分の息遣いと今にも飛び出しそうな心臓の音だけ。

彼女は音が止まっても、

「まだ、頭のところに鎧を着けた落ち武者が立っているんじゃないか」

そう思うと、なかなか布団から顔を出すことができなかった。

それからどれくらい時間が経ったか……。

しばらく布団の中でじーっとしていたが、あれっきり音がする気配はない。

「もう、大丈夫……かなぁ」

少し落ち着いてきた彼女は、そーっと布団から顔を出し、恐る恐る部屋の中を見渡した。

オレンジ色の常夜灯が照らす、薄ぼんやりと明るい部屋の中には、誰も、何もいなかった。

「はぁ……よかった」

彼女の体の力が一気に抜けた。


とどめだ！

そのとたん、耳元にふーっと生暖かい息がかかったかと思うと、首筋にヒヤリと冷たいものが押し付けられた。
そして一言。

「とどめだ‼」

その声はまるで地獄の底から響いてきたような、重く冷たい声だったそうだ。
彼女はそこで気が遠くなって、次に目が覚めた時には朝になっていた。

境港には今でも落ち武者が歩き回っているのかもしれない……。

借家

境港といえば、「ベニズワイガニ」と「ゲゲゲの鬼太郎」で有名である。

市内の飲食店ではどこへ入っても地元の美味しい海の幸を堪能することができるほか、回転寿司は地元の新鮮なネタが驚くほどのリーズナブルな価格で味わえる。

ＪＲ境線は米子駅が「ねずみ男駅」、境港駅が「鬼太郎駅」と十六駅すべてに妖怪の愛称がついている。

運行されているのは鬼太郎をはじめとするゲゲゲファミリーがラッピングされた妖怪列車で、どのキャラクターの列車が来るかは、来てからのお楽しみである。

境港市内をめぐる「はまループバス」（乗車一回百円）も鬼太郎や妖怪、サブキャラのサラリーマン山田までがラッピングされて運行されている。

妖怪列車もはまループバスも外装だけはなく、内装もしっかりとキャラクターがデザインされており大人が乗っても楽しめる。

この話は、境港に住んでおられる中野さんという女性の方から聞いた話。

今から三十年くらい前、そのころ離婚した中野さんは小学一年生になる息子さんと二人で古い借家に住みはじめた。

その借家は二階建てで、古かったけれども息子さんと二人で住むには十分な広さがあり、また家賃も同じような広さの家に比べるとかなり安かった。

一階部分はキッチンと和室が二部屋、二階にも二部屋あり、片方の部屋には大人が腰をかがめて入れるような小さなドアがついていて、一階部分の玄関の屋根裏に入れるようになっていた。

息子さんがこの屋根裏をたいへん気に入って、

「秘密基地にする！」

とはしゃいでいたので、屋根裏が付いた部屋を子供部屋に、そしてもう片方を中野さんの部屋にして使っていた。

ある晩、ボソボソとした話し声で中野さんは目が覚めた。

「ん？　テレビでも消し忘れたかなぁ」

そんなことを思いながら起き上がった中野さんは「えっ⁉」となって体を硬直させた。

話し声はどうやら息子さんの部屋から聞こえてきている。

しかも、息子さんはどうやら誰かと喋っているようなのだ。

「え⁉　こんな夜中に誰としゃべってるんだろう」

中野さんはひどく心配になり、ソーッと子供部屋の前まで行くと、ドアに耳を近づけて中の様子を探ってみた。

部屋のなかからは、

「ねぇ遊びにいこう、遊びにいこう」

としつこく誘う聞いたことのない子供の声がする。

すると息子さんは、

「お母ちゃんに怒られるけんだめだよ。行かれんけん」

と一生懸命断っている。

中野さんはゾ～っとなってドアの前から動けなくなってしまった。と同時に、

「うちに子供に何するだ！」

という強い怒りもわいてきた。

中野さんは思い切って子供部屋のドアを開けると、

「誰が来ちょるの？　何しちょる!?」

と大きな声を出して部屋へ入った。

暗い部屋の中ではベッドに腰かけた息子さんと、その傍らに息子さんの手を引っ張っている麦わら帽子をかぶった知らない子供が立っていた。

中野さんは「ヒッ！」と声が出そうになったが、そこで悲鳴を上げたり騒いだりしたら息子さんがパニックを起こすと思い、

「こんな夜中に何しちょーかね。早く家へ帰りなさい」

と震える声で麦わら帽子の男の子に怒鳴った。

すると、その子はふっと中野さんの方を振り返ると、

「うん、わかった。じゃぁ、明日また来るけんね」

そう言ってあの屋根裏へ入る小さな扉の前までスーッと移動すると、そのまま扉の前でふわっと消えてしまった。

中野さんはひどく怖くなった。

あれは、明日も来るって言った。このままこの家にいたら息子が連れて行かれてしまう！

そう思った中野さんは、着替えもそこそこに急いで子供を車に乗せて隣町の実家まで行き、その夜はそのまま実家に泊めてもらった。

そして次の日、早速不動産会社へ行って解約の手続きをし、その日のうちに借家を引き払った。

次の借家が決まるまでは実家に身を寄せることにした。

幸いなことに、この借家に引っ越してから一ヶ月も経っていなかったので、荷物もあまり解いておらず、引っ越しも簡単に済ますことができた。

それから少しして、中野さんは知人から、

「ねぇ、中野さんって少し前にあそこの借家に住んじょったが？」

と声をかけられた。

「うん、でも一ヶ月くらいですぐに引っ越したけん」

というと、その知人は、

「たぶん、中野さんの後に住んだ家族だと思うんだけど、そこの子供さんが階段から落ちて首の骨を折って亡くなられただって」

この話を聞いたとたんに、中野さんは身体が震えるほどの恐怖に襲われて立っていることができなくなり、その場にしゃがみこんで泣き出してしまった。

あのまま住んでいたら、死んでいたのはうちの息子だったに違いない。

そう思うと怖くて怖くて、しばらく身体の震えと涙が止まらなかったそうだ。

「私が知っているだけでも、その借家では子供が三人は亡くなっちょるに。どの子も階段から落ちて首の骨を折って。今でもこの話をすると震えてくるんだがんね」

そう言って中野さんは少し震える声で話をしてくれた。

その借家は今でも建っている。もうボロボロで誰も住んではいないけれども。

夜釣り

米子市を拠点にして世界で活躍されている画家で『青巳《あおい》はなね』さんという方がおられる。

彼女は青いボールペン一色でファンタジーの世界を描く。その絵はとても繊細で優しく、そして絵に添えられている彼女の詩と合わさって観るものを引き付ける。

そんな彼女とちょっとしたご縁があり、今回のお話を伺うことができた。

はなねさんが、旦那さんと夜釣りに行った時のこと。二人は釣りが好きでよく出かけるのだという。

境港から島根半島にかけては地形が入り組んでいるためか、地元でも有数の釣り場となっている。

船に乗って沖合から釣るもよし、海岸端に陣取ってゆっくり待つもよし、弓ヶ浜の砂浜から投げ釣りで狙うもよし、とお好みの楽しみ方ができる。

はなねさんたち夫婦は、夜釣りの前に腹ごしらえをしてから行こうと、ファーストフード店に寄ったのだが、彼女はちょっと食べ過ぎてしまって、車内で気持ち悪くなってしまった。

釣り場に着いたが、なんだか気持ち悪いので、彼女はしばらく車の中で横になって休むことにした。

ご主人は「じゃあ、先に行っとくね」と言って、道具片手に出ていってしまった。

気持ち悪いなぁと思いながらシートを倒してウトウトしていると、車のすぐ近くで子供たちがキャッキャと笑っている声が聞こえる。

（あー、家族で釣りにきてるんだぁ）

そう思っていると、誰かが車の中を覗き込んでいる気配がする。

子供が覗いているのかなと思って、そのまま知らん顔をしていたら、いきなり気配がググーっと車の中に入ってきた。

そして、その入ってきた何かが彼女の顔の十センチくらい目の前で、ジーッと彼女を見ているようなのだ。

彼女は怖くて声も出ないし、とりあえず気がつかないふりをしておこうと、そのまま寝たふりをし、心の中で「早くどっか行け！　早くどっか行け！」と一生懸命念じていた。

すると突然、はなねさんの口が、ガッ！　と大きく開いた。自分の意思ではないのでびっくりしていると、ぐぐーっとその何かが口の中へ入ってこようとした。

「わぁぁぁ！」

彼女はたまらず、思い切り手で払いのけると、飛び起きて車の外へ出た。

車は船着き場の際に停めてあり、目の前は真っ暗な海だったそうだ。

黒いシミ

A子さんが子供の頃、学校のすぐ横に木造二階建て、モルタル造りの古い公民館があった。以前は海軍とか役場とかで使われていたと噂の建物を転用したもので、当時としてはモダンな洋風造りだったが、かなり年季の入った建物だったという。

場所は大きな町から離れた港町に建っており、一階入り口に入った正面と左手には摺りガラスの扉があり、奥には事務所と会議室、右手には踊り場のついた広めの階段があり、二階は子供向けの図書館になっていた。年中明かりが消えている一階と打って変わって、いつも照明がともっている図書館だったが、利用する子供も少なく、いつも静かでひっそりとしていたという。しかし、そんな静かさがA子さんのお気に入りだったという。

当時小学生だったA子ちゃんはその日、新しく図書館に届く「海の魚図鑑」を目当てに、学校帰りに公民館へ立ち寄ろうと思っていた。

帰りしな同級生のC子ちゃんを誘ったが、その日は用事があると断られてしまった。

(C子ちゃん行けんのかぁ……どげすーかなぁ《どうしようかな》、やめーかなぁ《やめようかな》……)

実はA子ちゃんには、少し気になることがあった。それは二階の図書館へ上がる階段、踊り場のモルタル壁の高い場所に染み出している大きな黒いシミ。まるで男が佇《たたず》んでいるようなシルエットをしたそれについては、同級生の間で色々な噂がされていた。昔、役場で死んだ人の姿だとか、海で死んだ人の姿だとか。子供の噂なので当然根拠もなく、真偽は定かでないが、そんな噂があること自体、気味が悪いことには変わりがない。

行こうか行くまいか散々悩んだ挙句、図鑑の誘惑には勝てず、A子ちゃんは一人で公民館へ向かうことにした。

公民館の扉を開け、建物の中に入るとA子ちゃんは、わき目も振らず二階に続く階段を上り始めた。

ギィギィギィ……

なぜか今日は、やけに階段のきしむ音が大きく聞こえる。

二階に上がると、いつも以上に図書館はひっそりと静まり返っていた。いつも点いているはずの明かりはなく、普段ならば何人かの姿も見えるのに、今日に限って誰の姿もない。

「新しい図鑑が来るはずだに、なんで誰もおらんだ?」

二階に備え付けられている図書館のカウンターを見ても、いつもいるはずの司書さんの姿すらない。

何気なく階段の踊り場を見ると、漆喰の壁にはあの、人の形をした黒いシミが浮かんでいる。彼女は奥の窓際に並んだ本棚に駆け寄ると、図鑑が収められていると思うあたりを探した。

「さ……さ……さかな……」

気が焦っているのか、気が散ってなかなか探せない。しかもなぜか館内がいつもより寒く感じられる。

図鑑はすぐに見つかると思っていたが、まだ届いていないのか、もしくは本棚に並べられていないのだろうか。

（どげすーだぁ、早いこと借りて帰りたいに……）

そう思っている時だった。

コツコツ……

ふいに館内で誰かが歩く音が聞こえた。それは子供の運動靴の音ではなく、革靴のような硬く乾いた靴底の音。それがゆっくりと本棚の向こうを、左から右へと移動していく。

コツコツ……

（誰か公民館の人が戻ってきなったわ）

A子ちゃんは探している図鑑のことを訊ねようと、急いで本棚の反対側に回り込むと「すみません、海の魚の図鑑は、どこにありますか？」と声をかけた。

ところが今の今まで、歩いていたはずの人の姿が見当たらない。

（あれっ？　何かの音を聞き違えただーかぁ？）

そう思っていると、

コツコツコツ……

今度は今まで自分がいた向こう側から足音が聞こえる。慌てて本棚の向こうに向かったが、やはり人の姿は見当たらない。

コツコツコツ……

再びどこからか足音が響いた。さすがに気味が悪くなったA子ちゃんは、図鑑のことは諦めて、急ぎ足で階段へ向かった。

階段を降りる瞬間、踊り場の壁を見ると、さっきまでそこにあったはずの大きなシミが消えている。

（あのシミの男が、出てきちゃったんだ！）

そう思った彼女は、転げるように階段を駆け下りると公民館を飛び出し、家へ逃げ帰った。

走って家へたどり着くと、家の中は真っ暗で誰もいなかった。父親はここしばらく遠洋にでているため不在。母親はパートの水産加工工場からまだ帰って来ていないらしい。

「なんだ、お母さん、まだおらんのか……」

とりあえずA子ちゃんは、家に上がると居間のちゃぶ台の前に腰を下ろした。目の前には、母親が置いていった、おやつのふかし芋がある。

彼女はそれに手を伸ばすとふたつに割り、そのひとつを口に運んだ。

（……もう怖くてひとりで公民館行かれんがん《行けないよ》……魚の図鑑どげすーだぁ……）

芋を口にほおばりながら、そんなことを思っている時だった。

コツコツコツコツ……

突然家の中で、公民館で聞いたあの靴音が響いた。

コツコツコツコツコツ……

眼の前の摺りガラスの入った引き戸の向こう、台所の板の間を、誰かが歩いている。

A子ちゃんはあわてて芋を噛むのを止めると、息を止めてじっとした。足音は引き戸の前でぴたりと止まった。

ところが摺りガラスの向こうに人影はなく、いつもと変わらない台所の窓の光が見えている。

（………………）

息をひそめたまま、しばらくガラス戸を見つめ、じっとしていると、

コツコツコツコツ……

足音は戸の前から遠ざかり、玄関の方へ向かうとそのまま聞こえなくなった。

A子ちゃんの頭の中には、もう「海の魚図鑑」のことなどなかった。悲鳴とも絶叫ともつかない叫び声をあげながら、勝手口から家を飛び出すと、母親が働いている水産加工工場へと走り出した。

後日、「海の魚図鑑」のことが諦められなかったA子ちゃんは、C子ちゃんと公民館へ向かった。一階から階段の踊り場の壁を見ると、そこにはいつものように人型の黒い大きなシミがあった。

A子さんが大人になってからずいぶん経った頃、公民館は取り壊され、跡地には立派な建物が建て直された。

黒いシミの話も男の話も、今はほとんど誰も覚えていない。

肝試し

霊峰大山にはたくさんのキャンプ場がある。

地元の小・中学校では学校行事で、大山でキャンプをして次の日の早朝に大山登山を行う。

前の晩に遅くまでテントの中で起きていた子供たちにとっては、暗いうちから起きだして何が面白くて山登りなんかするんだ！　と思うのだが、頂上へ到達してご来光や雲海を望むと、

「うわぁ！　すごい！」

と、みんなが歓声を上げる。

そのあとに食べるおにぎりもまた格別で、子供のころの忘れられない思い出の一コマとなる。

マキちゃんという、もうすぐ二十歳になる女の子も、友達と思い出を作るべく、中学校の夏休みに、学校行事のキャンプに参加した。

みんなで飯ごうでご飯を炊き、カレーを作って食べ、そして、暗くなると毎年恒例の肝試しが始まった。

先生が話してくれる怖い話を聞き、十分に雰囲気を盛り上げてからグループごとに分かれて、時間差で林の中の遊歩道へ入っていく。

グループは男女合わせて五人。渡されるのは懐中電灯一本。

コースに脅かし役の先生や保護者がいるわけではない。

本当に、ただ単に林の中の遊歩道を歩いて帰ってくる、たったそれだけの肝試しである。

コースになっている遊歩道は一本道。

それでもご丁寧に蓄光インクで描いた矢印が立ててある。

その上に念を入れて、昼間にみんなで順路の確認もしていた。

矢印通りに進めば十分程度で元のキャンプ場に戻ってこられる。

昼間にみんなで確認した時は、

「こんなの子供だましでバカにしてるよねぇ。遊園地のお化け屋敷の方がよっぽど怖いわ」

と友達と笑いあった。

いくつかグループを見送って、とうとうマキちゃんのグループの番になった。

グループは男子二人、女子三人の五人。

暗くなってからの遊歩道は昼間とはまったく雰囲気が違う。懐中電灯一本だけで入り口に立つと、さすがにちょっと足がすくんだ。

夜の暗い林の中を歩くのは、マキちゃんたちが思っていたよりもずっと怖かったのだ。

仲のよい友達ばかりの班だから、みんなが寄り添って団子のようになって進む。

ぼんやりと暗闇に浮かび上がる、蓄光インクの矢印もなんとも不気味だ……。

真っ暗な遊歩道、懐中電灯一本ではひどく心細い。

少し離れたところから、先に出たグループの「キャー!」「わぁ!」という驚きと悲鳴が聞こえてくる。

マキちゃんたちのグループも例外ではなかった。

フクロウの鳴き声がしただけでも、

「今の何？」

と言って足が止まる。

葉っぱが髪に触れただけなのに、

「今誰かが私の髪を触った‼」

といって泣きそうになったり。

その後も、枝が触れては声を上げ、つまづいて転びそうになっては声を上げ……。

お化け役の先生がいなくても山の中の天然のお化け屋敷は、普段町中で生活をしている中学生には十分にスリリングだった。

半分くらい歩いた頃だろうか、マキちゃんたちのグループは急に開けた場所に出た。

「あれ？　道間違えた？」

昼間に順路を確認した時にはこんな広場はなかったはずだ。

「いや、ちゃんと矢印の方に進んだよ」

友達とそんなことを言い合っていると、

「ねぇ、あれ、家じゃない」

懐中電灯を持って先頭を歩いていた男子が、正面を照らしてそう言った。

向けられた明かりの中に、割れた窓硝子がうかびあがっている。

「え？　こんなとこに家とかあったっけ？」

しかもこの家、なんだかすごく気味が悪い。

それもそのはずである。

懐中電灯の明かりで照らされた家は、壁が剥がれ、窓硝子は割れ、雨どいが外れて垂れ下がり、屋根は今にも落ちそうだった。

とても人が住めそうにない。誰がどう見ても廃墟である。

「え？　こんなとこに家なんてなかったよね。なんで？」

五人は黙ったままできるだけ寄り添って、じーっと照らされた廃墟を見つめていた。

すると、一人の友達が、

「なぁ、ここヤバくないか。とりあえず来た道、帰ろうぜ」

と少し震えた声でみんなに呼びかけた。

五人ははっとして金縛りが解けたようになると、

「そーだよね。やっぱりへんだよね。早く帰ろう！」

「うん、帰ろう！　帰ろう！」

と少し足早に、もと来た道を戻り始めた。

少し歩くと矢印の看板が見えてきた。その矢印は間違いなく今、自分たちが来た方向を指している。

「あれ？　やっぱり間違ってないよ」

「え？　なんで？」

みんなで少し興奮しながら矢印と来た道を確認していたら、自分たちが今来た廃墟の方向から懐中電灯の明かりが近づいてきた。

マキちゃんが、

「え？　だれ？」

と思った瞬間、

「おまえたち、どこで何しちょっただ！　勝手な行動はいけんって言っただろうが‼」

先生が怒鳴りながら近づいてきた。

マキちゃんは少しほっとして、

「あれ？　先生どこから来た？」

と聞くと、

「どこからじゃないわ！　キャンプ場からにきまっちょーだろうが！　お前たちはどこで何しっちょっただ！」

と、また怒鳴られた。

「この先に行ったら壊れかけた家があって、怖くなって引き返して来たら先生が来て……」

マキちゃんたちは五人で一生懸命状況を説明したが、先生はちっとも取り合ってくれない。マキちゃんたちのグループが勝手に違う場所に遊びに行っていた、と思っているようだった。

その後、先生と一緒にキャンプ場に帰ったときには、一時間近く経っており、みんなが心配そうに待っていた。

自分たちよりも後に出発した班の友達も、みんながそこにいた。

自分たちはほんの十分くらいしか、林の中にいなかったはずなのに――。

改めて先生やみんなに廃墟のことを話したが、誰もそんな廃墟は見なかったという。

「わかった、わかった。明日帰るまでに先生も一緒に確認しに行くだけん、今日はもう寝れ！」

先生にそう言われた。

きっと信じてもらってないよね……マキちゃんはそう思ったが、これ以上説明しても仕方ないこともわかっていたので、テントに戻って寝ることにした。

次の日、改めて先生たちと一緒にコースになっていた遊歩道を歩いてみたが、昨日の廃墟は見つからなかった。

林の中の遊歩道は草と林に挟まれた一本道なので、気づかずに順路を外れるはずがない。

ましてや懐中電灯を持って、矢印通りに進んでいる。

何よりも、自分たちの後に出発した班は順路通りに進んでキャンプ場へ帰ってきている。

しかも、先に出発したマキちゃんたちの班よりも先に……。

もちろん追いつかれた覚えも追い越された覚えもない。

じゃあ、マキちゃんたちがたどったあの遊歩道はなんだったのだろう……。

あの時見つけた廃墟はいったい……。

先生たちはマキちゃんたちが他のところへ勝手に遊びに行ったと言っていたが、こんな林の中の一本道から外れて真っ暗な林の中のどこへ遊びに行くというのだ。

マキちゃんたちがそう言うと、さすがに先生も不思議に思ったらしい。

このことが原因かどうかはわからないが、次の年から、マキちゃんの学校のキャンプでは肝試しをやらなくなったそうだ。

怪力じいさん

鳥取県西部にある中国地方最高峰の霊峰大山。この霊峰の北西に位置する標高三百〜八百メートルのところに「香取《かとり》」という集落がある。

戦後に香川県からこの地に集団入植が行われたため両方の県の名前を取って「香取」と名付けられた。

インフラなどの整備がまったくされていない、一年の半分は雪に覆われている原生林のようなこの場所を、開拓一世の人々は戦車を改造した「ハチ・ドーザー」によって想像を絶するような苦労の末、開拓していった。

まだ寒さの残る春先の夕方、香取集落の近くで、宏さんの乗ってきた軽トラックがスタック（雪やぬかるみにタイヤがはまり、前にも後ろにも進まなくなること）してしまった。

困ったなぁ……と思っていると、後ろの路地からおじいさんがやってきた。

「どげしなった?」

「いやぁ、タイヤが滑ってしまって」

「ほんならわしが押しちゃーがな」

「いやいや、おじいさん一人が押したって動かんで」

「まぁ、乗れやい。押しちゃーけん」

と言われて、半信半疑で運転席に乗りゆっくりアクセルを踏んだ。

やはりキュルキュルとタイヤが滑る。

「やっぱり無理だわ」

と思ってアクセルを緩めようとしたら、車がぐいっと動いた。

「あ！　うごいた！」

びっくりすると同時に、

「あのじいさん、がいな《すごい》力があー《ある》なぁ」

とびっくりした。

ぬかるみを抜けて、十メートルほど進んだところで、宏さんは車を停めると手伝ってくれたおじいさんのところまで戻って、

「いやぁ、おじいさん助かったわ。がいな力しちょんなーなぁ。おじいさんどこまで帰んなぁ？　暗んなるけんおくっていくがん」

と声をかけた。するとおじいさんはニコニコしながら、

「いやいや、わしの家はその路地を入ったあたりだけん、ボツボツ帰るが。また滑って動かんやんなーけん、早ことかえー《帰れよ》だわ」

　そう言うと、おじいさんは来た方へ帰っていった。


　次の日、宏さんはお礼に行こうと思い、昨日おじいさんの帰って行った路地を入ると突き当たりに一軒の家があった。

　路地を入ったところにはその家しかなかったので、「あぁ、ここだな」と思い、宏さんは玄関を入って声をかけた。

　すると奥からおばあさんが出てきた。

　昨日の話をして、改めてお礼が言いたいのでおじいさんはおられるか、と尋ねたところ、

「うちにはじいさんはおりませんが」

と怪訝そうな顔でおばあさんが言う。

「いや、でもおじいさんは『こっちが家だけん』ってこの路地に入っていかれたけん。この路地には家はここしかないけん、ここだと思うけどなぁ」というと、
おばあさんは、はっとしたように、

「あー、ひょっとして……」

と宏さんを仏間へ通してくれた。

案内された仏間に飾ってある遺影を見て、思わず宏さんは、

「あ、このおじいさんです！」

と大きな声を出してしまった。するとおばあさんは納得したような顔で、

「あーやっぱり……じいさんは去年亡くなって、あの道の上の墓に入ちょーなぁわ。昔から困っとる人をほっておけん人でねぇ……。ちょうど墓からあんたが見えたもんで助けなさったたがん」

そう言うとおばあさんはにこやかに笑った。

宏さんは、お線香と持ってきたまんじゅうを供えて、そっと手を合わせた。

お迎え

現在、境港市内に家を建てて住んでいる京子さんという女性から聞いた話。

京子さんは結婚当初、鳥取県の江府町《こうふちょう》にあるご主人の実家に両親と同居されていた。ご主人（仮に太郎さんとする）は子供のころから勘が鋭く、そのためか色々と不思議な体験をしたらしいが、京子さんはそういう経験がほとんどないので、太郎さんから不思議な話を聞かされても、いつも話半分で聞いていた。

同居していた時は、太郎さんの実家の二階を自分たちのスペースにしてもらった。築二十年程度のその家は二階建てで、家の奥にある階段を上がるとまっすぐ廊下があり、廊下の左側に六畳の和室が三間並んでいる。

各部屋はそれぞれをふすまで仕切ることもできるし、ふすまを取り払って大きな一間にすることもできた。

階段を上がって最初の部屋は、ベッドを入れて寝室にした。

真ん中の部屋は箪笥や荷物を置き、階段からいちばん遠い部屋（こちらが家の正面になる）は日当たりもいいので洗濯物を干したりするフリーのスペースにしておいた。

ある晩、寝ていると、太郎さんが、

「ねぇねぇ、煩《うるさ》くない？」

と言って京子さんを起こした。

太郎さんが言うには、古い荷車か大八車のような、とにかく木造の台車を引くような「ガラガラ」という音がしている。

しかもさっきから家の前の道を行ったり来たりしているらしい。その音が煩くて眠れないというのだ。

でも、京子さんには何も聞こえない。

「えー⁉　こんなに煩いのに聞こえないの？」

太郎さんは驚いたようだったが、そもそもそんなに煩かったら近所の人や下で寝ているお母さんたちだって気になって様子を見に出るだろう。

しかし、下の部屋で人が動く気配も、玄関が開く音もしない。やっぱり太郎さんにしか聞こえていないようだ。

京子さんが眠そうにしながらそう説明すると、太郎さんは、

「おかしいなぁ」

などと言っていたが突然、

「あ、止まった。隣の家の前辺りかなぁ」

と大きな声を出した。

「そんなに気になるなら、窓から覗いて確認してみれば」

と言ったが、

「寒いし、めんどくさいじゃん」

と言うと、太郎さんはそのまま寝てしまった。

次の日の朝七時ごろ、一階に設置してある町の防災無線から、隣のおばあさんが亡くなられたとのことで、お通夜と葬式の予定を知らせる放送が流れてきた。

この辺りでは、各家庭に防災無線が設置されていて、町内の葬儀や会合、火事等の連絡事項を一斉放送で流すのだ。

その放送を聴いていた太郎さんが、

「あー、昨日のあれ、お迎えだったんかもしらんなぁ」

とご飯を食べながらぼそりとつぶやいた。

天狗

山陰で怪談と言えば稲川淳二御大と並べて挙げられるのが小泉八雲だ。

ギリシャ生まれで新聞記者だった八雲は、英語教師として赴任した松江で小泉節《せつ》と出会い結婚する。妻の節は日本語が読めない夫、八雲のために日本各地の民話・伝承を語って聞かせ、八雲は次々とそれを書き起こし、欧米に日本文化を紹介する著書を数多く残した。

鳥取県日野郡江府町には春の桜、躑躅《つつじ》の名所として有名な「滝山神社」という古い神社があり、境内には高さ五十メートルの龍王滝がある。

この龍王滝には「二歳にならない子供を連れて参ると首がなくなる」という恐ろしい伝説があり、それを題材に書かれたのが小泉八雲の著書「骨董」の中に収録されている「幽霊滝の伝説」だ。

「幽霊滝の伝説」では「幽霊」となっているが、古い書物には「天狗《てんぐ》」と表記されていたらしい。

江府町では今でも不思議なことが起こったりすると、

「そら、天狗だわい」

と冗談半分で言われることもあるようだ。


これも江府町に住んでいた京子さんの話。

太郎さんと結婚して一年目にお子さん（長女）が生まれた。

その子がやっと伝い歩きをするようになってきたある日、階段を上がって一番奥の部屋で、京子さんは洗濯物をたたみながら子供を遊ばせていた。

そのころは、子供がどこで遊んでいても見えるように　二階の三部屋すべてのふすまを取り払って一間に繋げて使っていた。

子供は、畳に座ってたいそうご機嫌な様子でおもちゃで遊んでいた。

京子さんはたたみ終わった洗濯物をしまうために、箪笥のある真ん中の部屋へ移動した。

洗濯物をしまい終わって京子さんが振り返ると、さっきまで部屋の真ん中に座ってい
たはずの子供の姿がなく、おもちゃだけが無造作に置いてあった。
ふすまは取り払ってあるので、子供が見えなくなる死角はどこにもない。
子供がいなくなった……。
何が起こったかわからない。
京子さんの思考が停止した次の瞬間、彼女の身体が凍りついた。
子供が窓の外、ちょうど一階の玄関の屋根の上に座って猫とじゃれていた。
絶妙なバランスで屋根の冠瓦《かんむりがわら》（一番てっぺんのところ）の上に座り、そのままちょっ
とでもバランスを崩せば落ちてしまう。
京子さんはゆっくりと立ち上がり、そして慎重な動作で窓を開けると、
「外はまだ寒いよぉ。猫ちゃんと遊んでもらったかねぇ」
などと声をかけながら、ゆっくりと子供を抱き上げた。
京子さんは窓を閉めると、これまたゆっくり二、三歩さがり、その場でへなへなと腰
を抜かしてしまった。
緊張の糸が一気に解けたのだろう、京子さんは子供を抱いたまま、涙が止まらなかっ

たそうだ。

そんなことは露ほども知らず、子供は相変わらずご機嫌だった。

ひとしきり泣いた後、京子さんは少し落ち着いてから、さっきのことを思い返して、違う意味で背筋が凍りついた。

窓の桟は大人の腰くらいの高さがある。

いくらこの子がつかまり立ちができるといっても、窓の桟に手は届かない。

そして、京子さんは鍵を外してから窓を開けたのだった。

この子はいったいどうやって窓の外へ出たのだろう。

考えれば考えるほど訳がわからず、京子さんはよけいに怖くなった。

それからは少しの時間でもこの部屋で子供を一人にしないようにしたそうだ。

訪ねてきたもの

この話を聞かせてくれた福田さんは、若い頃、親と折り合いが悪かったという。

その頃、鳥取市内の自動車解体工場の、敷地内にあるプレハブに部屋を借りて住込みで働いていた。

このプレハブは二階建てで、一階部分が倉庫、二階には部屋が三つあり、スチールの外階段を上がって最初の部屋が社長室、真ん中がやはり住み込みで働いていた中国人の同僚の部屋、そして一番奥が福田さんの部屋だった。

部屋は二畳程度の簡素なキッチンと六畳間しかない狭いものだったが、男の一人暮らしなので困りはしなかったそうだ。トイレとシャワーは共同でプレハブの横にあり、風呂はなかった。

福田さんが働き始めた年の年末、十二月二十八日で仕事納めをすると、社長はそのままハワイへゴルフに行き、隣の中国人は国へ里帰りをしたのでプレハブには福田さん一人になった。工場はこのまま一月五日まで正月休みになる。

福田さんは実家へ帰ろうかとも思ったが、正月早々両親にうるさく言われるのかと思うとうんざりするので、そのまま一人、プレハブに残って年を越すことにした。

特に親しい友達がいるわけでもなかったので、大みそかも一人でこたつに入りバラエティー番組などを見ながら、コンビニで買ってきた缶ビールとおつまみでのんびりしていた。

したたか酒に酔ったのか、福田さんはウトウトしていた。

すると、番犬に飼っている犬のジョンがしきりに吠える声で目が覚めた。

「ん？　誰か来た？」

時計を見ると夜九時を回っていた。大みそかのこんな時間に来る人に心当たりはない。

「パーツ泥棒か⁉」

そう思った福田さんは、確認に行こうとこたつから出ようとすると、カンカンカン──

──と誰かが外階段を上がってくる足音がした。

福田さんがそこにいることを知っているのは、せいぜい家族ぐらいしかいない。

「家族の誰かが帰らない自分の様子を見にきたのか？」

そう思うとちょっと面倒臭くなった福田さんは、そのまま腰を下ろして再びこたつに入った。

足音は、カンカンカン——と二階まで上がってきた。

が、そのままスチールの外廊下を歩いてくる足音は一向に聞こえてこない。

足音の主は階段を上がったところ、廊下の端で止まっているようだった。

福田さんは、家族と顔を合わすのが面倒臭い、という思いからそのまま知らん顔をしていた。

テレビからお笑い芸人の笑い声は聞こえてくるが、階段を上がってきた足音が廊下を進む足音も、また階段を下りる足音も聞こえてこない。

「何やってんだよ！」

時計を見たら、足音が止まってから五分ほど経過していた。

「いったい誰だよ！」

しびれを切らして、こたつから出ると入り口のドアを開けて、階段の方を確認した福

田さんは、

「え!?」

とドアを開けたまま唖然としてしまった。

階段を上がったところ、外廊下の端には、誰も立っていなかった。

福田さんは訳がわからず廊下で立ち尽くしていたが、冷たい風で我に返るとあわててドアを閉めてこたつにもぐりこんだ。

「確かに上がってきた足音が聞こえた。ジョンも吠えていた。あれ？　そういえばいつからジョンは吠えるのを止めた？　あれ？　あれ？」

福田さんは、ますます訳がわからなくなった。考えれば考えるほど混乱する。

そしてついに「酒に酔って寝ぼけていた」と自分を納得させた。

福田さんは冷蔵庫から新たにビールを出すと、気を取り直して飲み直すことにした。

再び福田さんがウトウトしていると、誰かが外階段を上がってくる音がして目が覚めた。

時計を見ると、もうすぐ新年になろうとしていた。

さっきと同じように、カンカンカン——と誰かが外階段を上がってくる。

しかし、今度はジョンが吠えない。

福田さんはゆっくりと身体を起こすと、そのまま金縛りにあったように身動きが取れなくなった。

足音は階段を上がりきって、一度止まった。

そして……。

今度は、カンカンカン——と外廊下を足音が進みだした。

社長の部屋の前を通り過ぎ……。

隣の同僚の部屋の前を通り過ぎ……。

足音は福田さんの部屋の前までやってきた。

(あ!　カギ開けっ放しだ!)

そう気が付いた福田さんは、はじかれたようにガバッとこたつから立ち上がった。

狭い部屋をドアの前まで駆け寄ると、ドアノブをつかんで慌ててカギをガチャッ!と閉めた。

そのとたん、福田さんがつかんでいるドアノブがものすごい勢いで、

〈ガチャガチャガチャガチャ〉

と回された。

福田さんは、

「うわぁ！」

と思わず声を上げて、たまらず後ろへ飛びずさった。

ドアノブはなおも激しく、

〈ガチャガチャガチャガチャ〉

と音を立てている。

もし、鍵を閉めるのが一瞬遅かったら……。

福田さんがそう思いながらドアノブから目が離せないでいると、今まで激しく動いていたドアノブが突然ピタっと動かなくなった。

福田さんはドアの前から動くことができず、じーっとドアノブを凝視していた。

すると突然、バンッ！　と別のところで音がした。

福田さんが音のした方を見ると、換気のためについているシンクのところの小さな摺りガラスの窓に、真っ黒な影が張り付いている。

普通なら、人が窓に顔を張り付けると肌色に見えるが、その時張り付いていたのは真っ黒な影だった。

福田さんの恐怖が限界を超えた。

「うわぁぁぁ」

大声で叫ぶと、ドアを思い切り開けて外へ飛び出した。そのまま外階段を駆け下りると後ろも振り返らず、一目散に近くのコンビニまで走った。

コンビニで電話を借りて実家へ連絡し、迎えに来てもらった福田さんは、その後二度とそこの工場へ行くことはなかったそうだ。

猫の住む家

鳥取市に住む良子さんという女性から聞いた話。

これは今から二十年ほど前、事故物件の告知義務なんてまだない頃。

鳥取市の郊外に、八軒ほどが長屋のように建っている借家があった。

一軒の借家は二階建てで、一階に十畳のＬＤＫとトイレと風呂、二階は階段を挟んで八畳が二部屋。

当時で築二十年ほど経っている借家だったが、リフォームもされていて、内装は綺麗だった。

四棟ずつが向かい合わせに建っていて家賃は当時で五万円ほど。

良子さんは向かって左側の一番奥の家を借りた。

その借家の家賃は他の棟の半額で二万五千円。

家賃が安い理由は、猫が住み着いていて家の周りをうろうろするから、とのことだった。

一人で住むには十分の広さがあり、駐車場も付いている。おまけに家賃も格安で会社から近い、と来ればもう入居しない理由が見当たらない。

良子さんは不動産屋で紹介されて、すぐに入居を決めた。


住み始めて間もなく、良子さんはおかしなことに気がついた。

入れた覚えがないのに猫が家の中にいる。

はじめは勝手に玄関を開けて入ってきたのかなと思っていたが、ある晩、戸締まりをして寝たはずなのに次の日の朝、猫が台所のシンクの上でちょこんと座っていた。

前の晩に玄関を閉めるときに、玄関先で猫を見たのを覚えている。

どこか、猫が入るような隙間や入り口が作ってあるのかと思い、いろいろと見てみたが、そのような出入り口は見当たらない。

どこから入ってくるのか、気がつくと家の中に猫がいる。しかも決まって台所のシンクのところでちょこんと座っているのだ。

良子さんは、特に猫が嫌いというわけではない。どこから入ってくるのだろう? と不思議には思ったが、懐いてきて可愛いのでそのままにしていた。

規約には「ペット禁止」と書いてあるが、どこの部屋でも内緒でペットを飼っていたし、大家さんも見て見ぬふりをしているようだった。

仮に何か言われても、猫が勝手に入ってきたからと言えば問題ない。もともと猫が住みついているから家賃だって安いのだ。

良子さんはそのうち、猫が家に入ってくることにあまり違和感を感じなくなった。


引っ越してからしばらくして、仕事が急に忙しくなった。

家が近いこともあり、ついつい残業をしたり、ほかの社員の仕事を手伝ったりして、帰宅が遅くなることも多くなった。

帰りに近所のスーパーで半額のお惣菜を買って、帰宅するとすぐにお風呂に入り、ビールを飲みながらお惣菜を食べ、さっさと寝てしまう。

そんな日が一ヶ月くらい続いたある晩、夜中に喉が渇いて目が覚めた。

良子さんはベッドの中でまどろみながら「ん⁉」となった。

家のどこかで水が流れている音がする。

体を起こし、そっと部屋を出た。

二階の寝室から出ると、どうやら一階の台所で水道の水が出っぱなしになっているらしいとわかった。

と同時に食器を洗うようなカチャカチャという音も聞こえる。

良子さんは恐る恐る階段を降りて、ソーッと一階の台所のドアを開けると同時に照明のスイッチを押した。

明るくなった台所の、シンクの蛇口から勢いよく水が流れ出ていた。

そして、シンクの前の床に猫が座ってこちらを見ていた。

良子さんは水を止めてから、なんとなく気味が悪くなった。

いくら水道の閉め具合が緩かったとはいえ、あんなに勢いよく水が流れるものだろうか。

それに、電気を点けるまで聞こえていた「カチャカチャ」という、食器を洗うような音はなんだったんだろう。

そして……この猫は一体どこから入ってくるのだろう？

改めてそんなことを思いながらも、

「そーいえば、最近猫見かけなかったなぁ……いつから見てないんだっけ……」

そんな思いもわいてきた。仕事も忙しかったから、猫のことなど特に気にしていなかった。思い出してみると、一ヶ月近く猫の姿を見ていないように思う。

自分が飼っているわけではないし、いれば餌をやるけど、いなければ用意しない。そんな曖昧な存在だったし、いろいろと思うところはあったが、良子さんは冷蔵庫から惣菜の残りを出すと猫に食べさせた。

猫はおいしそうに食べながら、良子さんを見上げてニャーと鳴いた。


それからも時々、猫の姿が見えなくなることがあった。

毎日見かけるかと思えば、十日以上いなくなることもしょっちゅうだった。

そして、しばらく見ない後に現れる時は、必ず夜中に台所で水が流れて食器を洗う音がした。

最初こそ気味が悪かったが、特に実害があるわけではない。会社からも近く、家賃も安くて便がいい。良子さんにとってこの部屋に住む実利の方がはるかに大きかった。

借家へ引っ越してから、二年くらい経ったある晩、何日かぶりに台所で水の流れる音がした。

その頃には良子さんも慣れっこになっていて、

「あー帰ってきたのか」

と思うようになっていた。

喉も渇いたし、猫もおなかをすかせているだろうと思って一階へ下りてドアを開けた。

明かりのない台所、シンクの前に女の人が立っていた。

女の人は、足にすり寄って来る猫を愛おしそうに眺めながら食器を洗っていた。

良子さんは「ヒッ!」というような、喉に張り付いてはっきり声にならない悲鳴を上げた。

女は振り返って、良子さんを見るとそのままスーッと消えた。

顔は白くぼんやりとしてわからなかった。でも目が合ったような気がした。

良子さんはドアノブをつかんだまま、ヘナヘナと座り込んでしまった。

暗闇のなかで猫がニャーと鳴いた気がしたが、はっきりとは覚えていない。

次の日、良子さんは有休を取って不動産屋へ行き引っ越し先を決めた。

引っ越すまでの間、寝泊まりは会社から一時間以上かかる実家へ帰った。

引っ越してから少し経って、自分の住んでいた借家で以前、女の首つりがあったらしいという話を聞いたが、本当かどうかはわからない。

良子さんはそれから猫が苦手になってしまったそうだ。

箱

今から数年前、埼玉県に住んでいるHくんが、まだ大学に通っていた頃の話だ。

「大学二年生の夏休みに同級生の男友達が集まって『せっかくだから、みんなで、どこか遠くへ遊びに行かないか?』という話が、持ち上がったんです」

大した予定もなく暇を持て余していただけに「じゃあ行くなら、どこへ行こうか?」とHくんたちの話は盛り上がった。

京都や大阪は誰もが行くのでありきたりだし、今からだと宿を取るのは難しいと思われた。とは言って、北海道や九州、沖縄は埼玉からだと交通費が高すぎて論外だった。

遠くへ遊びには行きたいが、できれば旅費は抑えたい。仲間のMくんが持っている車にみんなで乗れば、交通費分は安上がりになるだろう。

条件を含め、みんなでディスカッションしていると、話の輪にいたMくんが、何気なく「月の砂漠を～♫」と歌を口ずさんだ。

「それだよ！　それ！　鳥取砂丘だ！」歌を耳にしたHくんが突然叫んだ。

「え？　砂漠と砂丘って全然違うぜ」

「いいんだよ、同じ砂がたくさんある場所じゃん。しかも誰も行ったことないだろ？」

「確かに……」

半ば適当ではあったが、Mくんの口ずさんだ歌をきっかけに、彼らの目的地は鳥取砂丘に決まった。

出発日は参加するメンバーのスケジュールを調整した結果、数日後の週末となった。

話は決まったものの、調べてみると目的地までは、車でおよそ十六時間もかかる。

予算的に高速道路代や宿泊費を考えると、全員が現地に宿泊できるのは一泊のみ。そこでHくんたちは、一泊三日のスケジュールを立て、前日十九時に集合して浦和を出発。交代で運転しながら、翌日のお昼過ぎぐらいに鳥取砂丘へ着いて一泊して帰ろう、ということになった。

出発の当日、待ち合わせ場所の浦和駅前には、Hくん、Cくん、Gくん、それに車を持ってきたMくんの四人の姿があった。

「じゃあ、鳥取砂丘に向けて出発！」

Hくんたちは早速、Mくんの車に相乗りすると、目的地の鳥取砂丘を目指して出発した。初めて向かう場所への期待と、みんなで行く旅行ということもあり、全員異常なまでに高いテンションで、遠足のように歌ったり、大声でしゃべったりと、道中大いにはしゃいだという。

しかしそのせいで、計算では十六時間ほどで到着する予定も、途中のサービスエリアや、パーキングエリアでの食事や休憩を繰り返し楽しんだため、ようやく鳥取砂丘に着いたのは、大幅に遅れた夕方の十六時近くだった。

「歩く元気ないけど、とりあえず行きますか〜」

はしゃぎすぎたことが祟り、着いた時には全員が半分徹夜でへろへろになっていた。

眠さで重くなった体を引きずりながら、目的の鳥取砂丘を見終わる頃には、全員がもうどこにも行きたくないほど、疲れ果てていた。

「……さっさとホテルで休もうよ」

駐車場に戻ると、車のハンドルにもたれかかるようにしてMくんが言った。

「あのさぁ、来るとき調べたんだけど、今はシーズン中だから駅前のホテルって安くても、ひとり四千から五千円くらいするんだよね」

Mくんの発言に、全員が慌てて自分の財布の中身を確かめた。

「……そんなにホテル代が高いと、今夜の飯代と帰りの高速代が足りないよ」

「来るときに使いすぎたな〜」

途中のサービスエリアやパーキングエリアで散財したのが、ここに来て大きく影響していた。全員の所持金を計算すると、宿代に使えるのは一人二千円程度が限界だった。

仕方なく駅前のホテルは諦め、どこか離れた場所でもいいから、安い旅館はないかと色々なサイトの検索を始めた。

しかし、夏休みというハイシーズンなだけあって「車も駐車できて安い」などという、そんな都合のよい宿は見つからなかった。

仕方なくHくんたちは鳥取駅前に向かうと、車を降りて全員で聞き込みを始めた。

するとタクシー乗り場で聞き込みをしていたMくんが「どうやら山間の方で、昔、お年寄りの夫婦が民宿をやっていたらしいよ」と、地図の書かれたメモを片手に戻ってきた。

「ただ見かけたのは随分前なので、今もやってるかどうかはわかんないんだって……」

その言葉にHくんたちは一瞬躊躇したが、安く泊まれる可能性があるなら、行ってみようという話になり、四人は山間の民宿を目指すことにした。

車は街を離れ、道の両側を木々に覆われた山間をひたすら走る。あれだけ照りつけていた夏の陽は傾き、あたりは夕暮れから、次第に星空へと変わっていった。

「本当にこっちで合ってるのか？」

道沿いの民家もほとんどなく、頼りになるのはもらった地図だけ。三十分ほど走ると目印の信号機が見え、道のはるか先に黒い建物のシルエットが見えた。

「あれだ！　きっとあれに違いない」

急いで車を走らせると、それは門構えも立派な大きな日本家屋だった。

「すみませ〜ん」

門をくぐり、玄関から中に向かって声をかけると、しばらくして年老いた男が出てきた。着ているものの雰囲気からして、この家の主人に違いない。

「……という理由で泊めてもらえませんでしょうか？　出来れば一人二千円でお願いしたいんですが……」Hくんがそう話すと、

「困りましたね、もう民宿はやってないんですよ」

「そこをなんとか、お願いします」

さすがに今からだと、他の宿を探す時間はない。Hくんたちは必死にお願いした。

「……泊まるだけならば、今は使っていない離れを使ってください。さすがにお食事とかはご用意できませんが……」

と少し困ったような表情を浮かべつつ、男はHくんたちを手招きすると、建物の裏手へと案内した。

建物に沿って裏手に回ると、表からは見えなかった広い庭と、そこに建つ立派な離れがあった。離れといっても普通の一軒家ほどの大きさがある。

「すげえなあ〜」

改めて母屋を見ると、どれも随分と手の込んだ造りをしていて、金がかかっている。おそらく以前は、この辺りを治める名士か豪農だったに違いない。そうでなければこんな辺鄙《へんぴ》な場所に、この建物は不釣り合いだ。

「私は年寄りなので、夜八時には寝てしまいます。なので、何もお構いできませんが、帰る時に声だけかけてください」

離れの玄関を開けると、男はすたすたと母屋に戻って行った。

Hくんたちは、玄関に手荷物を置くと、夕食を買い出しするために再び車に乗り込んだ。近くのコンビニで食事や飲み物を調達して早く戻るつもりだったが、近くに店らしいものはなく、結局今来た道を町まで引き返すしかなかった。そのせいで、買い出しを終え宿に戻ってきたのは、かなり遅くになってからだった。

家の前に車を停め、母屋を見ると、もう部屋の明かりは消えて真っ暗になっている。Hくんたちは裏庭の離れに上がり込み、手探りで明かりをつけると、畳の部屋の真ん中のちゃぶ台に、コンビニのビニール袋を置くと腰を下ろした。

「それにしても昨日、今日といろいろあって、疲れたね～」

「また十六時間かけて帰らなきゃいけないんだし、さっさと飯喰って寝ようよ」

そう言ってビニール袋を開けると、銘々に買ってきたものを取り出し食べ始めた。考えてみれば昼前に立ち寄ったパーキングエリア以来、水以外は何も口にしていなかった。よほど腹が減っていたのか、誰も喋ることなく黙々と目の前のものを食べ続けた。

お腹も膨れ少し落ち着いた頃、おもむろにGくんが赤ら顔で、

「今思い出したんだけどさ、コトリバコって話、確かこの辺りも舞台になってるよな」

と充血した目を向けながら話し始めた。見るとGくんの前には空になったビールの缶が何本も転がっている。

「この家がこんなに立派なのは、コトリバコのおかげなんじゃないの?」

Gくんは、獣のような目つきで、部屋をぐるりと見渡した。


『コトリバコ』とは、十年ほど前にネットで広まった都市伝説で、十九世紀の隠岐の島から島根・鳥取の山陰地方が舞台となっている。

幕末の時代、虐《しいた》げられた人たちが、やむなく間引かざるを得なかった子供のへその緒や腹わた、人差し指の先など体の一部を、呪術を施した小さな箱の中へ封印した。

その数は人ひとりから、最大七人までと言われており、封印された人数が多いほど相手を呪う力が強く、その箱を敵対する相手の家に隠すのだという。

箱を隠された家の子供や女性たちは、呪いによって腹わたが引き裂かれて死んでしまう。ゆえに箱は、子を取る箱『コトリバコ』と呼ばれた。箱を持った者たちの中にはそれを武器に、相手を没落させ繁栄する者もいたと言われる。

しかし箱は、女性や子供に見られたり、開けられたりすると、その者だけでなく、箱を作った一族にも呪いが降りかかってしまう。そのため手に余った箱の多くは、今では人の目に触れない場所に集められているという。

「何言ってんだよ、泊めてもらった家だぜ」すかさずHくんが諌《いさ》めるが、Gくんの話は止まる様子がない。

「でも手に余った箱を隠すとしたら、この建物ってうってつけの場所じゃないか？」

そう言うと、おもむろにGくんは立ち上がり、床の間の引き出しを躊躇なく開けた。

「ハズレか〜。でもどこかにきっとコトリバコはあるぜ」

Gくんは部屋中の扉という扉、引き出しという引き出しを片っ端から開けて回る。

「おもしれー！　まるでRPGの勇者みたい！」

その様子を見たMくんとCくんも立ち上がると、一緒に家の中の家探しを始めた。どうやら彼らも、飲んだアルコールのせいで、気が大きくなっているようだ。

無理やりやめさせることもできず、Hくんは黙って三人の様子を見ていた。

離れのいたるところで、引き出しや襖の音が響く。ところが、長い間使っていないというだけあって、中はほとんどがカラで、何も入っていない。あるのは押入れの布団や使っていない古い書類か扇風機くらいのもの。

「なあ、何もないって。そろそろやめようよ」

Hくんが三人に声をかけると、押入れの天井に手をかけていたMくんが「天井裏に隠してあるってこともあるからね」と天井板を外すと、その穴に頭を突っ込んだ。

「おっ！」

天井裏から声がすると、しばらくして埃まみれのMくんが押入れから出てきた。

「あったあった！」

そう言って右腕をHくんの目の前に突き出した。埃だらけの手には、編み込まれた紐で縛られた箱が握られている。

「黄色い御札が貼ってあった大黒柱の下に置かれてたぜ～」

自慢げに箱をちゃぶ台の上に置くと、Mくんは他の部屋を探していたGくんとCくんに声をかけた。

「M、よく見つけたなあ」

最初に探し始めたGくんが、俺の言う通りだろうと満悦した表情を見せる。

置かれた箱をまじまじ見ると、さっき紐と思ったものは、人間の長い髪を縒《よ》ったものだった。かなり古いものなのだろう。髪は油分を失い乾燥して茶色に変色している。箱は色の異なる木をいくつも使って作られていて、話に聞く組み木細工のようだった。

「じゃあ開けるぜ～」

Gくんはニヤリと笑い箱を掴むと、縛ってあった髪の束を、乱暴に爪で引きちぎり始めた。

ブチブチブチ……

脆《もろ》くなった髪の破片が、畳の上にパラパラと落ちていく。しかし、丁寧に編んである髪は見た目以上に丈夫で、思うようにちぎれない。イライラしたGくんは紐をちぎるのは諦め、直接箱を開けようと蓋を探した。ところが箱のどこを見ても蓋らしいものは見当たらないし、開けられそうな場所もない。

「なんだよこれ！」

業を煮やしたGくんは畳の上に箱を叩きつけると「やめだ！　やめだ！」とふてくされ、そのままごろりと横になった。

Hくんは転がっている箱を手に取ると、元の場に戻そうと押入れの天井裏を覗いた。埃だらけの天井裏の真ん中に、太くて大きな柱が見えた。そこには「大日如来」の絵が描かれた黄色い御札が貼られている。あったのは恐らくここだな、とHくんはそっとその下に箱を戻した。天井板を戻して押入れを出てみると、酔いが回ったGくんたちは畳の上で大きなイビキをかいていた。

翌朝出発する前に、昨夜のことが気になったHくんはもう一度天井裏を覗いた。

「もちろん箱は、昨日のまま同じ場所にあったんですが、なぜかちぎれたはずの髪が元に戻っていたんです」

Hくんはそのことを仲間に伝えることなく離れを後にした。

一年後、ネットのライブ放送でこの時の体験を披露することになった。一連の流れが
説明された後、Mくんが天井裏で箱を見つけた時の様子を話し始めた。

「僕が天井裏に頭を突っ込むと、奥のほうに大黒柱があって、そこには黄……」

そこまで話した時だった。突然、ゴボゴボゴボッと水の底に沈んでいく時のようなノ
イズが入り込み、Mくんの声が聞こえなくなった。

「ごめん、ノイズで聞こえなかったのでもう一度話してくれる?」

ＭＣを務めていたＨくんがＭくんに声をかけた。

「わかった。もう一度いくよ。僕が天井裏に頭を突っ込むと、奥のほうに大黒柱があって、そこには黄……」

そこまで話したところで再び、同じノイズが入り込むとＭくんの声を遮《さえぎ》った。

「ごめん、もう一度お願いできる？」

「天井裏に頭を突っ込むと大黒柱があってさ、そこに黄……」

同じタイミングで三度目のノイズがＭくんの声を遮った。ノイズは三度とも「大日如来」のお札についてのくだり。それはまるで「これ以上は話すな！」という警告に違いないと、ライブを聞いていた誰もが思った。

「結局他の仲間からもリスナーからも、この話はやめたほうがいいということになって、それ以上続けるのをやめたんです」

その数日後、Ｈくんから私に電話がかかってきた。

「あのノイズが気になって、僕らが泊まった家を調べたんですけど、無いんです」

Hくんはあの日の記憶を頼りにインターネットの地図で家を調べたところ、離れを含め母屋も跡形もなく消えていて、そこには茶色い土だけの更地が表示されていたのだというう。

「……もしかしたら酔っ払った僕たちが、離れであの箱を見つけてしまったせいで、あの家は無くなってしまったんですかね？」

電話口のHくんの声は、心なしか震えていた。

ノイズが入ったライブ放送のデータは、消してしまうとあの日のことも記憶から消えてしまうのではないかと思われ、今もHくんのパソコンに残されている。

執筆者一覧

神原リカ（かんばら・りか）
鳥取県境港市在住。二〇一四年より「妖怪の町の怪談師」として活動を始め、県内外の各種イベントで実話系怪談を語る。自らも怪談会を主宰するなど精力的に活動し、同時に地元の怪異・怖い話を蒐集している。〈怪談最恐戦〉に三年連続出場、二〇二〇年大会ではファイナル一回戦まで勝ち抜く。

古川創一郎（ふるかわ・そういちろう）
島根県松江市在住。カフェｃａｐｐａｒｙ（キャッパリィ）店主。喫茶店営業のかたわら、「誰も見たことのない楽しさを！」を合言葉に、怪談関連も含め様々なイベントを同店にて開催。お客さんから怪異譚を蒐集して怪談師に卸すという活動から、地元怪談愛好家からは『お化け問屋』の愛称で呼ばれる。

本間亀二郎（ほんま・かめじろう）
島根県松江市在住。二十年前に不思議なことを体験し、それを切っかけに「怪談は記録し人に伝えなければ失われてしまう」と思い至る。以降、人から怪異譚を聴いては細々と収集している。怪談奇談都市伝説・個人収集家。

西浦和也（にしうらわ）
不思議＆怪談蒐集家。心霊番組「北野誠のおまえら行くな。」や怪談トークライブ、ゲーム、ＤＶＤ等の企画も手掛ける。イラストレーターとしても活躍。単著に「現代百物語」シリーズ、『西浦和也選集 獄ノ墓』『実録怪異録 死に姓の陸』『帝都怪談』、共著に『現代怪談 地獄めぐり』など。

作品執筆者

古川創一郎

土葬の地
野辺送り
キャンプ場の鈴の音
呼び込んでしまった
水神様
存在しないコンビニ
飲み屋に出る女
火星人の肝試し
社の目
産婦人科に住む
土の中
無縁仏
侵入者
鋭い日野くん
隠岐の声
異様なアパート
伝統の意味

本間亀二郎

快気祝い
覗く顔
釣りの帰りに
参観日
バチ

美保神社のおみくじ
天使の階段
般若の面

神原リカ

くよし
中海から来るもの
蛇のお礼
起こされるシリーズ
着信
とどめだ！
借家
夜釣り
肝試し
怪力じいさん
お迎え
天狗
訪ねてきたもの
猫の住む家

西浦和也

料金所
みんなで歌おう
黒いシミ
箱

出雲怪談

2021年10月6日　初版第1刷発行

著者…………………………………………　神原リカ、古川創一郎、本間亀二郎、西浦和也
デザイン・DTP　…………………………………………　荻窪裕司(design clopper)
企画・編集　…………………………………………………………　中西如(Studio DARA)

発行人………………………………………………………………………………　後藤明信
発行所…………………………………………………………………………　株式会社 竹書房
〒102-0075　東京都千代田区三番町８－１　三番町東急ビル６F
email：info@takeshobo.co.jp
http：//www.takeshobo.co.jp
印刷所……………………………………………………………………　中央精版印刷株式会社